ISBN 978-1-915380-08-1 (hardback)

ISBN 978-1-915380-09-8 (ebook)

Oleg Haslavsky, "Kaleidoscope"

London: **COUNSELLING & TUTORING HOUSE, 2022**

В своём метафорическом жизнеописании Г. Гессе обращает внимание на то, что во времена его юности желание индивида стать поэтом воспринималось окружающими как нечто сомнительное, подозрительное, несвойственное здравому уму. В самом деле, если можно вообразить себе практическую пользу от художника, который украсит помещение, или актера, который заполнит досуг здравомыслящего человека, или скульптора, который на худой конец установит памятник на месте погребения упомянутого носителя здравомыслия, то в чём состоит польза от поэта? Мало на свете вещей столь же бесполезных с точки зрения практической, как поэзия. Назначение её сомнительно, смысл по большей части и вовсе невнятен. Невнятен был и современникам Гессе, и нашим современникам. Можно было бы сказать, что времена меняются, а предрассудки остаются. Но можно было бы сказать и точнее – предрассудки остаются, сменяются их носители. Эта ротация физических тел мало что изменяет в мире – как человек не был спокоен и счастлив во времена бывшие прежде нас, так же мало спокоен и счастлив он сегодня. Поэтому времени, как такового, во всяком случае, в социальном смысле, возможно и не существует. Поэзия же в социальном отношении как была, так и остаётся одним из наиболее раздражающих факторов для чистой публики. Несомненный её вред заключается в её совершенно мистической способности сбивать с толку неокрепшие умы, отвлекая их от вещей жизненно полезных обществу, как то: производство и потребление материальных ценностей. Но отметим одно важное обстоятельство – не поэты придумали конфликт между материальным и идеальным, и не они вовсе поддерживают тление в этой неопалимой головешке. Скажем просто – если некое социальное явление, несмотря на сопротивление большей части общества, во все времена продолжает благополучно(?) здравствовать, то, может быть, это уже не социальное вовсе явление, а явление природного свойства? Природе же человек, к счастью, не хозяин и не командир. Видимо поэтому поэт, будучи занесён в чёрный список вместо красной книги, продолжает существовать, а поэзия сохраняет для многих людей свою ничем не объяснимую привлекательность.

   Справедливости ради следовало бы обратить внимание ещё на одно чрезвычайно важное, но нечасто учитываемое обстоятельство. Речь идёт о коренном различии между стихом и поэзией. В массовом сознании всё, что рифмовано, суть поэзия. В силу этой массовой темноты (да простят меня) всякое рифмованное нытьё и зубоскальство объявляется поэтическим изделием и потребляется соответственно общественному вкусу и аппетиту,

что, естественно, не приносит пользы организму в целом. Невозможно питаться дерьмом и ядом. Но если в области физической это простое правило понято давно, то в области нравственной оно никак не найдёт применения достойного по масштабу. Стих по своей сути крайне полезное изобретение в качестве воспитательного средства. Рифма облегчает проникновение упомянутых вредных ингредиентов в нравственные поры, в силу чего все государственные владыки держали штат официальных рифмоплётов, культурно говоря стихотворцев, которые оказывали им неоценимые услуги в воспитании послушных граждан. Уточню – не законопослушных, а послушных, ибо беззаконие не в меньшей мере, чем закон, нуждается в послушании. Что же до поэзии, то она не имеет никакого отношения ни к наличию, ни к отсутствию рифмы. Определить её невозможно, возможно предположить лишь, что её отношение с языком имеет характер, сходный с отношением слова и Слова в библейском смысле. Естественно, здесь разумно говорить лишь о тождестве, а не о равенстве – но это и без оговорок очевидно.

Ещё одно распространённое заблуждение. Всякий поэт, специализация которого лежит в области так называемой лирики, вынужден выступать от первого лица, употребляя личное местоимение Я. С точки зрения читателя поэт говорит от собственного имени. Насколько это предположение справедливо, настолько же оно и сомнительно. Безусловно, честная лирика представляет собой переосмысление поэтом личного опыта, но настаивать на знаке равенства между поэтом и человеком было бы несправедливо. По причине несовпадения человека и поэта, представленных в одном лице, мы очень часто наблюдаем несовпадение судеб творческой и человеческой применительно к одному и тому же индивиду. Творческая судьба его бывает сплошь и рядом не в пример удачливей человеческой. Вряд ли это означает, что неудачливость среднестатистического поэта выше неудачливости среднестатистического гражданина. Просто поэт в большей мере на виду. А там – кто его знает? Тем не менее, кажется бессмысленным говорить о рождении поэта исходя из паспортных данных человека. И рождаются они – в едином опять же лице – не одновременно, и умирают часто так же. И это счастливый случай, когда поэт переживает человека – по крайней мере, с точки зрения потомков.

Итак, подведём итог. Поэт есть нереальная сущность, пытающаяся достигнуть неподдающихся определению результатов непонятными ему самому средствами. Симпатичный субъект. Вот на этой весёлой ноте...

1. ДОКТОР ФАУСТ

(ДРАМАТИЧЕСКИЕ ЭПИЗОДЫ)

Эпизод 1

ФАУСТ

У нас геройство не в чести:
Кто ищет философский камень,
Тот лишь путевку в адский пламень
Рискует здесь приобрести.

Я с этим хорошо знаком —
Без лишней склонности к идеям
Тебя объявят лиходеем,
А то и вовсе дураком.

И не отмоешься вовек
Или окажешься в застенках —
Ведь чем ничтожней человек,
Тем он решительней в оценках,

Тем окончательнее судит,
Копаясь в прахе и золе,
О том, что было, есть и будет
На небесах и на земле.

В разнообразные одежды
Рядятся глупые невежды.
Что власть подла, что мир таков —
Всё это дело дураков.

БЕС

Я много видел на веку,
И вот тебе житейский опыт:
Дурак поможет дураку,
А умный умного утопит.
Таких примеров море, тьма,
Так в ком же более ума?

ФАУСТ

Где в людях видишь ты единство?
Трясут бесстыдство да бесчинство
Богохранимый вертоград.
Войной идёт на брата брат,
Повсюду подлости да свинство...
Таков людской конгломерат.

БЕС

Ты, брат, учёный, голова,
А голова найдёт слова –
Но беса умного мурыжить?
Ты тварь, а значит, должен выжить
По всем законам естества.
Для этой цели хороши
Секиры, ружья, палаши,
А также мышцы, когти, зубы...
Раз мир жесток, то нравы – грубы.

ФАУСТ

Смотри, какой нравоучитель,
Внимать немыслимо без слез,
Какие новости принес
Ты в нашу темную обитель!
Ну и писал бы в самом деле

Куплеты в жанре Макьявели.

БЕС

Типун паршивцу на язык!
Как растолкуешь дурачинам?
Макиавелли ученик,
А я повыше буду чином.
Беда, коль скоро нет ума,
А что касается письма —
Писал бы, только нет охоты,
Да заедает ревматизм.
Читал я Пушкина и Гете —
Какой наивный романтизм.
А жизнь совсем иная штука,
И как ухватит за бока
Что умного, что дурака,
А то засунет мордой в грязь —
Тут не спасали отродясь
Литература и наука.
Тут не поможет и геройство,
Ведь в жизни, как и на войне,
Иные качества и свойства
Не то чтоб в моде, но в цене.

ФАУСТ

Поведай, коли не секрет.

БЕС

Секрет лишь в том, что денег нет.
А тут нужна простая малость —
Не будь сопливым слизняком
И романтическую жалость
Из сердца вырви с корешком.
Забудь и совесть, и усталость,

Трудись как вол и плюй на всех...
Поверь, последует успех,
О коем даже не мечталось.

Уж так устроен род людской,
Что поминутно просит палки...
Так врежь им твердою рукой,
Поверь, жалеющие – жалки.

ФАУСТ

Прости, но заповеди божьи
Нам повествуют об ином
И, перевернуты вверх дном,
Становятся опасной ложью.

БЕС

Вот в этом вся твоя беда:
Всё ищешь, кто б тебя направил,
Всё ищешь правил, и от правил
Уж ни туда и ни сюда.

Живущий в постоянном страхе
Дотянет, может, до седин,
Но смысл у жизни лишь один,
Единственно в её размахе.
Сумей, рискуя головой,
Поверх привычек и приятельств
Стать вровень с силой обстоятельств,
Как некогда Спаситель твой.

Но мой визит к тебе работа,
Ты от меня хотел чего-то,
А дружеская болтовня –
Большая роскошь для меня.
Ты славный слушатель, и всё ж

Давай свернем поближе к теме,
Когда в безвременье живешь,
То поневоле ценишь время.
ТЫ ЗВАЛ МЕНЯ?

ФАУСТ

                 Сам знаешь, да.
Неясно, пользы ли, вреда
От нашей встречи мне прибудет –
Скажу, что есть, и будь что будет.

БЕС

Да ты и пары слов не свяжешь
Со страху – и к чему вязать?
Я знаю наперед, что скажешь,
И всё, что б мог ещё сказать.

Приятно душу тешить лестью,
Во всю Вселенную трубя
О призванности к благочестью, –
Так знай – я только часть тебя.

Я дерзость, ярость, своевольство –
Вся рать в твоём дурном полку,
Прививка от самодовольства
Благочестивому телку,
Твоя душевная короста...

ФАУСТ

Ты – это я?

БЕС

                 Не всё так просто.

Язык наш жалок, вот беда —
То длинно скажешь, то невнятно...
Отвечу кратко и понятно:
Отчасти нет, отчасти да.

ФАУСТ

Понятно — может. Но не шибко.
Насколько нет, насколько да?
Неточность, знаешь, иногда
Ещё коварней, чем ошибка —
Ни опровергнуть, ни проверить...
Мутить же — ваше ремесло.

БЕС

Вам всё бы взвешивать да мерить.
Опасно между тем число,
И главная его опасность
В том, что оно внушает ясность,
Где дело, в сущности, темно
И зыбко, как морское дно.
Как вам известно, сочтены
Должны быть строго все предметы
В любой реальности — и это
Одна из шуток Сатаны.

Среди всех мамушек и тятек,
И воспитателей людей
Он величайший математик
И несравненный лицедей.
Он обратил концы в начала,
И вот — апофеозом зла,
Великой путаницей стала
Его Комедия Числа.

Он ложь до истины возвысил,
Наплутовал – и был таков.
И вот в лесу дремучих чисел
Рои холодных огоньков
Вращаются в болотной сфере,
Куда их сырость занесла,
И умирают в твёрдой вере,
Что свет есть функция числа.
Чертей и тех бросает в трепет
Ваш безобидный детский лепет.

ФАУСТ

Уж больно всё в тебе двояко –
С утра ты Цезарь, к ночи Брут...
Быть светочем у Князя Мрака,
Я думаю, не сладкий труд.
Я сам не менее раздвоен,
И наблюдаю как во мне
Живут и женщина, и воин –
И уживаются вполне.
Герой не спорит с подлецом,
Убийца с жертвой неразлучны,
И мирно спор ведут научный
Глупец с высоким мудрецом.

И это множество персон,
Многообразие влечений
Жизнь превращают в странный сон
С обильем бед и приключений.

БЕС

Ну вот и спал бы, раз тебе
Спалось, и не искал сюрпризов.
Что за необходимость вызов
Бросать природе и судьбе?

Благоразумие не блажь,
Ведь сказано – не зная броду...
А ты затеялся природу
С нахрапу взять на абордаж.
И я спешу издалека,
Чтоб с грозным видом лицедея
Тебя морочить...

ФАУСТ

                    Но идея
Моя довольно велика.

БЕС

Идея? Да Лукавый с нею,
Меня тошнит от всех идей
И им подверженных людей –
От тех я просто сатанею.

И дело умников табак
И упование на чудо
В условиях, когда повсюду
Базар, да зона, да кабак.
О высших ценностях радея
Мудрёно не сойти с ума:
Не кормит искренних идея,
Но славно кормится сама.
В её орбиту вовлеченных
Нерадостная участь ждёт,
Она ещё переживёт
Немало всяческих учёных.

ФАУСТ

Идея больше человека,
Не всё ухватишь на лету,

Иному недостанет века,
Чтобы проникнуть в простоту
Божественных установлений –
И это опыт поколений.

БЕС

Ты говоришь, как Вечный Жид,
А время между тем бежит,
И с ним по кругу как живые
Бегут и стрелки часовые.

И это, братец мой, беспечность,
Весьма злодейская напасть,
Как погляжу, ты метишь в вечность
Незамедлительно попасть,
Как сапожком шевровым в стремя
Лихой наездник на лету...
Остерегись, отринешь время –
И разом канешь в Пустоту.

Пищит у жизни под пятою
Вся эта брызнь и круговерть,
Но междубытие пустое
И есть единственная смерть.
Никто не вспомнит, не осудит
Навеки канувших туда –
И даже Страшного Суда
Пустотным жителям не будет.
Разнообразные злодеи
Там исчезают без следа,
Но ложный мученик идеи –
Первейший кандидат туда.
Чтоб, став теней загробных тенью...

ФАУСТ

Ты агитируешь меня
Прожить без риска, без огня
Подобно чахлому растенью?

БЕС

Но до чего рассудком слабы
Пошли учёные теперь!
Ты просто соразмерь масштабы
Приобретений и потерь.
И хоть блуждание земное
Короче выстрела в упор,
Ты, отрицая временное,
Вступаешь с вечным в вечный спор.

ФАУСТ

Так выхода, выходит, нет?

БЕС

Для разума, но не для чувства.
На ваше счастье есть искусство,
И в нем содержится ответ.
Художники не мудрецы,
Но бродит знанье между ними
О том, как вечные концы
Вязать с концами временными.

А впрочем, это ерунда –
Душа туда, душа сюда –
Кто выиграет в лотерею,
Лукавый, Бог ли? Ах, беда,
Я стал болтлив – видать, старею.
Иной раз простенькую шутку

Сыграть и надо бы, да лень,
Или заскочишь на минутку,
А потеряешь целый день.

Старею, видно. Вот потеха,
Неужто порох вышел весь?
Тебе, чай, будет не до смеха,
Когда скажу, зачем я здесь.
ТЫ ЗВАЛ МЕНЯ?

ФАУСТ

    Сам знаешь, да.

БЕС

Ни капли в людях нет стыда.
Тревожить бесов, это ж надо?
Ну тошно, ну подлил бы яду
Соседу или конкуренту,
Или приличную моменту
Состроил пакость — и остыл,
Глядишь, твой благонравный пыл.
Но ради шкурных интересов
Тревожить, извиняюсь, бесов?
Здесь явно ты перехватил.

ФАУСТ

Да я-то, собственно, пойми...

БЕС

Я сыт работою с людьми,
И со здоровьишком морока,
Всё хорошо лишь до поры.

Уж как-то дотянуть до срока,
А там домой, в тартарары.
Обрыдло строить дурака,
И перед кем, прошу прощенья?
Ни отдыха, ни утешенья...
А ты тревожишь старика.

ФАУСТ

Да я и сам довольно пожил.
Поверь, когда бы не нужда,
То никого и никогда
Я бы конечно не тревожил.

БЕС

То лепет слышится, то ропот,
Всё о какой-то ерунде.
Да что ты знаешь о нужде,
Как смеешь сравнивать наш опыт?

Ты лишь капризное дитя
И потому остался с носом,
Что пристально и не шутя
Пустейшим занялся вопросом.

Я сотворил немало зла,
И то, поверь, во все века мне
На ум ни разу не пришла
И мысль о философском камне.

В нём просто не было нужды,
И не было о нём вопросов.
А ты в корзину для отбросов
Сложил немалые труды.

Ну и каков же был итог
Пустых трудов и интересов?
Когда тебя оставил Бог,
Ты кинулся тревожить бесов.

Свернул, как говорят, с пути,
Слаб оказался и нестоек...
Всё в мире что-нибудь да стоит,
Ты сделал выбор. Что ж, плати.

За беспокойство первый счёт,
Второй за лекцию. А третий –
Всему-то свой черёд на свете,
И третий вовремя придёт.

...Ну заразился бы чумой,
Пошел бы по миру с сумой,
Напившись, утонул бы в луже...
Нет, ты придумал, что похуже,
ТЫ ЗВАЛ МЕНЯ. Теперь ты мой.

Эпизод 2

СЛУЖАНКА

Да что случилось, барин, с вами?

ФАУСТ

Попробуй выразить словами
Вещь неподвластную уму.
Что это было, не пойму –
Проклятье свыше, дар небес?
Короче, Марта, были гости.

СЛУЖАНКА

Вы эти шутки, право, бросьте,
Дом заперт, барин.

ФАУСТ

                    Были гости.

СЛУЖАНКА

Какие гости, барин?

ФАУСТ

                    Бес.

СЛУЖАНКА

Примите наши поздравленья!
А всё это ночные бденья
Да непосильные труды —
От них того и жди беды.
От них бывают и виденья,
Вон в прошлом месяце мясник...

ФАУСТ

Ох, Марта, привяжи язык,
Нашла, скажу тебе, сравненье.

СЛУЖАНКА

Да чем моё сравненье плохо?
Ну, тот был, правда, выпивоха
И малость всё же дурковат —

Но он же в том не виноват?
А в общем крепкий был мужчина,
Одной рукою гнул пятак,
А ведь рехнулся только так.
У вас, поди, своя причина...

ФАУСТ

Беда от этих деревенщин,
От простоватых мужиков,
От их и вовсе глупых женщин,
От их проворных языков.
Глядят в упор, а видят криво,
Живут, как судят, — торопливо,
Не по стыду, не по уму,
А неизвестно, по чему —
И ведь не так уж несчастливо.

СЛУЖАНКА

Курям квохтать, собаке лаять,

А городским деревню хаять.
Мы вам не ровня по уму,
Но, барин, вы уж мне поверьте,
И нам понятно, почему
Мясник перетрухал до смерти,
Когда средь бела дня ему,
Как вам, являться стали черти.

ФАУСТ

Да, с логикой у нас в порядке,
Но вот заминочка, ей-ей, —
В капустной голове на грядке
Рассудка больше, чем в твоей.
А ты, пустившись в рассужденья,

Такой составила кроссворд...

СЛУЖАНКА

Что ни скажи, а черт есть черт,
И это дело без сомненья
Любому ясно дураку —
Что вам, что, скажем, мяснику.

ФАУСТ

Вот так уважила. Спасибо.
И правда, — вольно мне дурить.

СЛУЖАНКА

Не стану с вами говорить.
Обиделась. Молчу как рыба.

ФАУСТ

Ну, полно, мы с тобою квиты.
А ты чуть что — под хвост вожжу...

СЛУЖАНКА

Молчу. Пусть дура, но, поди ты,
С чертями дружбу не вожу.

ХОР БЕСОВ

Ах ты чертовка, ах, повеса,
Сама-то бес почище беса,
Туда же, мать её итить,
От бесов морду воротить.

СЛУЖАНКА

Что это, барин, за фигня,
Помилуй, Господи, меня?
Ведь так и прут со всех сторон…
А ну, пошли отседа вон!

ХОР БЕСОВ

Вы поглядите на засранку —
С чертями лезет в перебранку,
Силищи в бабе до хрена.
Что ж с нами сделает она,
Когда дойдёт до рукопашной?

СЛУЖАНКА

Ах вы поганцы, бесовня,
Чур-чур, не трогайте меня!

ФАУСТ

Теперь, похоже, жди сюрпризов,
Накликал новую беду.
Но я-то знал, на что иду —
И смело принимаю вызов.

ХОР БЕСОВ

Вы полюбуйтесь, земляки, –
И этот метит в смельчаки
И демонстрирует отвагу.
Да ты не сделал бы и шагу,
Когда бы знал, едрена вошь,
На что ты сослепу идешь.
Но ты и раньше был на мушке –
Претендовал на роль Творца,
Да промахнулся слегонца
И угодил чертям в игрушки.

СЛУЖАНКА

Вот, барин, ваши-то делишки,
А то всё опыты, да книжки,
Да чертежи до потолка...
Ну, я сваляла дурака
И нанялась в прислуги к черту.

ХОР БЕСОВ

Валяй, красотка, не жалей,
Поднапряги ему аорту,
Пусть знает старый дуралей,
Как вредно быть некстати смелым.

СЛУЖАНКА

Постойте, кончу с этим делом,
Тогда и с вами разберусь.

ХОР БЕСОВ (Фаусту)

Ну что стоишь? Врежь ей, не трусь!

ФАУСТ

Вот и попал меж двух огней
Так, что, похоже, нет исхода –
Там бесы, тут любовь народа,
И неизвестно, что страшней.

СЛУЖАНКА

Не в мой ли это огород
Ваш возмутительный булыжник?
Что вам известно про народ?
Да если б каждый чернокнижник
Пошел плевать народу в рыло,
Что б это, извиняюсь, было?

Народ, он мудр, а не жесток,
Вот мы смолой тебя измажем –
Да в перья, а потом укажем
Тебе поганый твой шесток.
Мы неразумные холопы,
Вы умники наперечет,
Но ты и славу, и почёт
Поймешь, когда с учёной жопы
На угли сало потечёт.

ФАУСТ

Нет, это не слова, а звуки,
Не речь – рычанье. Не пойму,
Откуда эта злость к науке
И отвращение к уму?

ХОР БЕСОВ

Ах, Фауст, Фауст, ты счастливец,
Ты сказкам веришь не шутя,

Ты свят, как всякое дитя,
И слеп, как всякий прозорливец.

С упорством истинно завидным
Во всякий день, во всякий час
Ты ищешь скрытое от глаз,
Пренебрегая очевидным.

Как бы обидно ни звучало,
Но те, с кем ты давно знаком,
Поверь нам, с самого начала
Тебя считали дураком —
И тешились над стариком.

СЛУЖАНКА

А то? Откройте дурню глазки —
Рассказывал народу сказки,
Лечил больных, учил детей,
А сам втихую пас чертей.

ФАУСТ

Хоть воду обращай в вино,
Хоть босиком ходи по водам —
Увы. Беда, когда говно
Себя почувствует народом.

СЛУЖАНКА

А сам ты кто? Ничтожный гений,
Всё изучаешь естество,
А на уме нет ничего
Помимо низких оскорблений.

ХОР БЕСОВ

Вот это грамотный подход.
Вы не бесправные пичужки,
И ты народ, и ты народ –
Ну вот и врезали б друг дружке.
Хоть и не на стену стена,
А все ж гражданская война.

А на войне, как на войне, –
Всем поровну стыда и славы,
Все равно правы и неправы,
Все разом по уши в говне.
Вот это равенство и братство.
А мир – что мир? Скандал да блядство.

СЛУЖАНКА

Ну, мастера сводить на драку!

ХОР БЕСОВ

Да мы-то что? Чуть-чуть пришлось
Побыть в свидётелях...

ФАУСТ

                    Однако
Совсем без вас не обошлось.
Хотя и это не вопрос.

Науке честно я служил,
Копя заплаты и морщины –
И вот, пожалуйста, дожил
До откровенной чертовщины.

Не поднимая головы
И не оспоривая истин,
Я был бы волею молвы
К столпам отечества причислен.

Да, новости из высших сфер
Им носит на хвосте сорока,
И сочинители химер
Для них любезнее пророка.

ХОР БЕСОВ

Пророков, батя, до хрена
Земля рожает с перепуга,
Притом, что им довольно туго
Жилось в любые времена.

ФАУСТ

Зачем я до позора дожил?
Я шутка, призрак, просто тень.
Зачем я каждый день итожил,
Благословляя новый день?
А вдохновенные труды,
А вера в благодатный случай? —
Тогда как буквоед везучий
Чужие списывал зады.

ХОР БЕСОВ

И не сказать, что порешь бред —
Бывает бред оригинален,
А ты, старик, прости, банален,
Как этот самый буквоед.

Твердыни вечные долбя,
К чему приложишь ты старанья,

Что ищешь? – знаний для себя
Или публичного признанья?
А это не одно и то ж.
Вот ты и влип, едрёна вошь.

ФАУСТ

Порвав с друзьями и роднёй,
Прорвав ряды границ и рамок,
Я выстроил красивый замок –
Он оказался западнёй.

Вращая знаний жернова,
Я перемалывал лишь звуки,
И вот итог – пустые руки…

ХОР БЕСОВ

Прибавь – пустая голова.
Итожим: тешился хернёй –
И кончим с этой болтовнёй.

ФАУСТ (у окна)

Какая осень на дворе…
Листва холёная, резная
Пышнеет, пыжится, не зная,
Что смерть наступит в октябре.
И в этом праздничном концерте
Есть ощущенье тайных мук,
Есть свойство важное у смерти –
Она всегда из первых рук.

Помилуй Боже дурака,
Но ясно вижу я сегодня,
Рука судьбы, рука Господня –
Совсем не добрая рука.

Но что мы знаем о добре,
Как объяснит добро наука?
Какая боль, какая мука...
Какая осень на дворе.

ХОР БЕСОВ

Разнюнился. Кончай трындёж.
Беда не в том, что ты помрёшь,
Хоть что-то совершив без фальши,
Проблема в том, что будет дальше.

ФАУСТ

Проблема в том, едрёна вошь,
Что ехал Грека через реку,
И видит Грека – в речке рак.
Засунул Грека руку в реку,
А рак за руку Греку – квак!

Вы симпатичные ребята,
И я таким же был когда-то –
Не без дерьма, не без огня,
Но жизнь испортила меня.
Но в этом не моя вина.
Угодно господам вина?

Просрался старый грамотей,
Давно бы взял в друзья чертей,
А жить с людьми такая мука.
Ну да теперь уж всё равно.
Где Марта, где моё вино?
Эй, Марта! Где же эта сука?

ХОР БЕСОВ

Какие строил терема,
Как воевал с текущим веком,
А погляди — сошёл с ума
И стал нормальным человеком.

ФАУСТ

Вы симпатичные ребята,
Вы, я так думаю, солдаты.
Вы держите врагов на мушке
И в них стреляете из пушки,
Потом громите до конца —
И ламца-дрица и цаца.
Хитра военная наука.

Где Марта, где же эта сука?
Мы с ней не виделись давно.
Эй, девка, где моё вино?

ХОР БЕСОВ

За Мартой дело вряд ли станет,
Она вот-вот сюда нагрянет
И приведёт с собой солдат,
Но ты им вряд ли будешь рад.

Мы тоже, хоть не фраера,
Но всё же бесы, а не боги,
И нам поэтому пора
Скорей отсюда делать ноги,
Покуда нас не замели.
Ну что стоишь, старик? Пошли.

ФАУСТ

Отставить эти разговоры!
Вы кто такие? Может, воры?
Я ни на что не погляжу
И вас достойно накажу,
Дам образец примерной трёпки!
Вот только выпьемте по стопке –
Для уваженья, не для пьянства...

ХОР БЕСОВ

Заткните это окаянство!
Пришейте, что ли, мудака,
Завёлся с полуоборота.
Сейчас сюда нагрянет рота,
Позору будет на века.
Да и придурку будет худо –
Пошли, старик, пошли отсюда.

ФАУСТ

Нет, я не сделаю и шагу,
Я не могу оставить пост,
Я офицер, я дал присягу
Его Величеству и флагу!
Восстань, Отчизна в полный рост,
Ты вся окружена врагами,
Твоё грядущее темно...

ХОР БЕСОВ

Ну, это даже не смешно.
Пора побить его ногами
Да ходу через чёрный ход,
При этом поспевая к сроку,

Пока не набежал народ
С дубьём к любезному пророку.

Лупят Фауста и волокут его вниз по лестнице.

2. ИЗБРАННЫЕ СТИХИ

*****

Словно ноты на чуть ещё теплом листе
Заключают идею во всей прямоте,
Смысл, который ещё не перевран, пока
Дирижёр его нежно не взял за бока,
И покуда с привычно похмельной руки
Не ударились разом в истому смычки,
И покуда его виртуоз-грамотей
Не засахарил мёдом рояльных страстей —
Словно ноты на чуть ещё теплом листе,
Моё слово, зависнувшее в пустоте,
Будет прямо, и чисто, и вольно, пока
Не сойдёт, наконец, как с небес, с языка.

Не классической плавностью бурю смирив —
Брюхом на мель, а грудью — вслепую — на риф,
И без женских истерик, без женских же рифм,
Каждой строчкой себя отворив, разорив,
Хоть единожды в жизни, хотя бы на миг
Превратиться в один изнывающий крик:
Так под игом молчанья, горчайшим из иг,
Ищет колокол вырванный с мясом язык,
Чтоб всей силою в небо и дальше — до звёзд,
В очищенье сердец, в излеченье корост,
И всё гуще его покрывает нарост
Из уютных, навозом устеленных гнёзд.

Но заветная песня да будет чиста,
И ложится легчайшим перстом на уста
Знак молчания — и посвящения — знак.
Будь, что велено свыше. А велено — так.

Теперь, когда все, наконец, на местах,
И всё по местам, и на месте акценты,
Когда обесценены все сантименты,
И слово, как лист, не дрожит на губах,
И учится время по-старому течь,
И в новой тетради по-старому пишет,
Ко мне наконец возвращается речь,
Которой никто, может быть, не услышит.
И ветер, привычно ложась на круги,
Гуляет враспев по накатанным нотам —
Поди догадайся и кто там, и что там...
Да ну его к чёрту. Не вижу ни зги.

*****

Будем водку настаивать на березовых почках,
Будем пить на рябине настоянный спирт,
Будем крепко, как в седлах, держаться в земных оболочках,
Не вступая с запретным ни в сношенья, ни даже во флирт.
Мы здоровы, так выпьем ещё раз за наше здоровье,
Подстегнем, словно клячу, за неделю уставшую кровь,
И предвидя похмелье, усластим наши души любовью,
Ибо радости жизни по закону венчает любовь.
Что готовит судьба нам — так ли много, такую ли малость?
Разве в наших прозреньях мы её рисовали такой?
Всё проходит... Не всё — остаются печаль и усталость,
И такой одинокий, быть может, предсмертный, покой.
Было время надежд, было время больших потрясений,
Несравненных открытий и ни с чем не сравнимых потерь,
А теперь за окном обретается холод осенний,
Норовит просочиться в неплотно прикрытую дверь.
Под прикрытием тьмы затевает возню и интриги,
То визжит как собака, то, как пьяная баба, орет,
И стареют мои без того уже старые книги,
И вернусь ли я к ним? Если б что-нибудь знать наперед.

1825

I

Когда полки в своих мундирах строгих,
В железном громе, в золоте наград
Торжественно вливаются в парад,
Их грозный вид смутить способен многих.

Когда ж, затмив собою белый свет,
Всплывут отряды конницы летучей —
Храни нас Бог, минуй нас даже случай
Предать забвенью верности обет.

Чуть шевельнись — и хриплый крик трубы,
Чуть встрепенись — и ты уже на мушке,
И вот герой играет роль игрушки,
А уж никак не баловня судьбы.

А там — прощай, дорога далека,
Мы в путь тебя проводим и оплачем,
И твой маршрут на карте обозначим,
Чтоб ты не канул без вести в века.

Пройдешь пешком, где нет пути кибиткам,
Где Енисей — могучая река.
Сибирь для русских слишком велика,
Чтоб не сказать, вместительна с избытком.

У нас же всё вершится в свой черёд,
Всё та же жизнь, пристойна и убога,
Всё тот же ментор, не меняя слога,
Вот разве только новым детям врёт,
Что власть крепка, что государь — от Бога.

II

Ах, пичужки, во чистом ли поле
Не студёные дуют ветра?..
Вы довольно шалили на воле,
Привыкать к распорядку пора.

Проживёте без страху и риску,
Прутья прочны, задвижка крепка,
И зерно регулярно по списку,
Вам смотрителя сыплет рука.

А смотритель, ну что за смотритель —
Воплощённая стать и краса!
И его восхитительный китель
Голубей, чем сами небеса.

Он вас правильным песням научит
И отучит валять дурака,
И пускай вас ночами не мучит
По утраченной воле тоска.

Так ли вольно на вольном-то свете,
Ах, пичужки мои, сорванцы?
Там повсюду всё сети да сети,
Там повсюду ловцы да ловцы.

*****

А вот если бы Моцарт не спился,
И его б не прибила родня,
Не зарезался б, не утопился,
То он стал бы похож на меня.

06. 99

СОБАЧЕЕВКА

По небесному бездорожью
Прибегали ангелы божьи,
Слушали, смотрели, головами качали:
Нету возможности спать ночами.
И вопрошали друг дружку с тоскою:
– Как это сносит ухо людское?
Есть же такие места на планете,
Где круглый год комплименты да розы,
Где кавалеры, одеты как дети,
Льют над романами сладкие слёзы,
Дамы все в кружевах, и менуэты
Им навевают томные грёзы...
Тонкие чувства, галантные войны...
Ангелов тоже треплют неврозы,
Будьте покойны.
И ангелы плакали, бились во мраке,
Белые пёрышки с крыльев летели,
А там, внизу, надрывались собаки
И копошились постели.

Но с наступленьем срока
Зазеленел восток,
И прилетел с востока
Знобящий ветерок,
Ещё луна мерцала,
Как розовый сосуд,
И темнота бряцала
Оружием, а тут
От звука и движенья
Покровы исцеля,
Опять к преображенью
Готовилась земля,
И нагружала плечи
Обузою двойной:

Торжественною встречей
Бессонницы дневной.

*****

Когда-то мечтал состариться и наконец поседел слегка
Узнав на себе что такое любовь одиночество и тоска
И больше не верю на слово но всё ещё верю в слово
Не будучи Орфеем многократно спускался в ад
И там видел уйму такого
О чём слишком многие знают и все молчат
Молчат потому что жизнь затягивает как утопающего – воронка
Молчат потому что не следует рвать там где тонко
И нет ничего тоньше обыкновенной души –
Маленький джин в сосуде опечатанном сургучом молчания
Обречённый на медленное одичание
В тиши
Кто на дистанцию выходит без опаски
Жизнь переменчива и всё-таки длинна
И связи рвутся иногда болезненней чем связки
У незадачливого бегуна
И перед неизбежностью мы словно провинившиеся дети
Перед воспитателем в детском саду
Ничего не поделаешь – написано на роду
А мы в ответе
Тишину нарушает нарастающий шум дождя
Подражающий с лёгкостью всем существующим звукам
Разговорам и топоту крикам и стонам и стукам
Вплоть до грохота забиваемого в стену гвоздя
Это очень тревожно но спокойствия не предвидится всё равно
Слишком многого хочется а поэтому многим обязан
Слишком крепко памятью с прошлым двусмысленным связан
И поэтому вечно раздваиваюсь как оно
Не доживший до зрелости разве что вот до седин
Я свободой давлюсь как собака ворованной костью

Перед зеркалом памяти я безнадёжно один
И его не разбить ни рукой ни стаканом ни тростью
Перед зеркалом памяти я беззащитен и наг
От него никуда разве только в него — на попятную
Изо всех твоих господи людям дарованных благ
Память самое утешительное — и наипроклятое
Есть в чём каяться поводов к жалобе нет
И признанье не жалоба а покаянье не бред
Грешен во многом в чём каюсь и каяться буду
Грешен и в том что всегда уповаю на чудо
И погружаясь на самое тёмное дно
Думаю — вот наконец долгожданное счастье — оно

*****

Кто я такой полуночный гуляка
И в сущности никчёмный человек
Для тех кто знает жизнь и свято верит
Что жизнь и в самом деле такова
Какой её запечатлел их взгляд и опыт
Не будем спорить – кто-то да не прав
Вот он в конце концов и проиграет
Банкир банкрот – а корень-то один

*****

Да что уж там – сто раз терял себя
И снова находил и вот вконец утерян
Мой коммунальный рай мой полусгнивший терем
В котором можно жить лишь смертно жизнь любя
Кто – не сходил с ума кто – не был одинок
Хотя земля как матерь многодетна
Кто – не шарахался всем существом в ответ на
Пустейший стук дверной или звонок
Мой одинокий рай он как пиджак на вырост
Себя не пережить – так хоть перерасти
И на язык души ещё б перевести
Всё чем она больна – и ночь и страх и сырость
Всё что её гвоздит и в кость и в мякоть
Как хорошо что мир не добр и не жесток
Как всё просчитано – и птичка и шесток
И клетка – и наука петь и плакать
Мой безысходный рай на вкус на глаз на слух
Я пробую тебя Какая это мука
Ничем не сдобренная пресность звука
И всё лишь оттого что взгляд не в меру сух

Зато остры твои турецкие глазницы
Из глубины земли из глубины времён
О как надёжен ты как будто бастион
Психиатрической больницы
Я — не сойду с ума я слишком много знаю
Я ещё нужен здесь — другим или себе
Какая разница Но о своей судьбе
Я всё-таки сужу а не гадаю
И жизнь мою постыдную влача
Когда о жизни нет ещё и речи
Я жду как умирающий врача
С самим собой я ожидаю встречи
Словно мундштук трубы с губами трубача

*****

41

Л. Григорьяну

О если б вырваться, как в небо, в простоту,
Чтоб нежной ярости, в застенчивой отваге
Защёлкать, засвистать, как птица на лету,
О том, чего нельзя доверить и бумаге.

Чтоб ощутить души и слова полноту
И, в пенье растворясь, как соль в июльской влаге,
Стать тёплою слезой — из всех на свете магий
Без этой нам прожить уже невмоготу.

Есть теплота слезы — но мир устал от слёз,
И есть тепло души — но мир ещё бездушен,
И птичий свист ему невыносимо скучен,

Скопцу, дающему и ум, и деньги в рост.
— Так безысходна жизнь исчадия земного
Без детской прихоти — без царственного слова.

VIII.1980

*****

В моём густом лесу так заблудиться страшно,
В моём глухом лесу впотьмах во все концы
Деревья мечутся, как будто в рукопашной
Окрысились стена на стену мертвецы.
Я что-то им кричу, но брат идёт на брата,
Поскольку все они в убийстве заодно,
И сквозь мельканье рук – нездешнего заката
Всё ближе, всё жирней горячее пятно.
В моём густом лесу... Как это, брат, не внове,
Но сколько вышло бед из тяги к новизне,
Она во мне кружит с горячим током крови,
Наследною тоской она лежит во мне.
Её не затравить ни лаской, ни изменой,
Как ледяной родник не высосать до дна,
Покуда ширь небес кипит пивною пеной,
Пока горька на вкус, на привкус солона,
Пока секут плашмя и кормят чёрным хлебом,
Пока дают урок и сердцу, и уму...
Да что уж там в лесу – и под открытым небом,
Среди степных красот так страшно одному.

1.IX.1980

*****

Белый хлеб и белое вино
Частый постук заоконных капель
И старухи сверху хриплый кашель
Чем не итальянское кино

И из всех наличных медицин
Для того что слишком уязвимо
Мне бы только дантовых терцин
Как всё сложно как неуловимо

Боже как бумага хороша
Как охотно впитывает строчки
Бедная распутная душа
Докатились мы с тобой до точки

Рвались в небо съехали до дна
Тихий рай бесхозные палаты
Сонный бред и в качестве оплаты
Булка хлеба и стакан вина

Доигрались дожили — поди
Мне уже совсем немного надо
Разговор — уже почти награда
Улыбнись — и защемит в груди

Чем живёшь кого в шкафу хоронишь
Повинись — я ко всему готов
Ссыльный град пожизненный Воронеж
Между двух конечных городов

*****

Мне холодно я к этому привык
Я с холодом последней нитью связан
И может потому и не развязан
А лишь развязен бедный мой язык
И повидавши много на веку
И доброго и как ни грустно злого
Отныне верю слову только слову
Но слово непричастно к языку

*****

В тот день, когда рассудок с сердцем сладит,
От худа ли, кто знает, от добра? —
Но станет мысль пронзительно остра,
И у тебя на всё улыбки хватит,
И отпадёт, что ярко и случайно, —
В тот самый день закончится игра,
И заблестит на острие пера
Одним тобой разгаданная тайна.

РЕНЕССАНС

1

Лёгкое имя и тело без веса
Девочка птица или принцесса
По твоей милости снова на воле
Воспоминанье о смутной боли
О древнем доме
О крепкой власти
О всём и кроме
Того о счастье
И узнаванье как привкус чуда
Кто мы такие зачем откуда

2

Идёт пора такого волхованья
Такой разгар когда за вестью весть
За громом гром спешит когда дыханья
Не успеваешь даже перевесть
Со всех сторон идут цвета и звуки
И нет нужды ни в хлебе ни в вине
И мир есть мир — и разум в вечной муке
Но сердце утопает в тишине

*****

По неизвестной науке причине
Всякая история завершается продолжением
А не выигрышем и не поражением
И всюду где написано никогда можно почти с уверенностью
читать отныне
В тоже время
отныне я ваш или скажем ваша
Мы будем чистыми любящими и смелыми
Мало ли говорится и делается глупостей из-за того что каша
Заварена в голове и за её пределами
На том и условимся день угас
Луна замыкается в сочувственной укоризне
И жизнь обрывается в который раз
Именно когда обостряется жажда жизни
И потухающим взглядом скользя вдоль
Отсутствующей перспективы стены
Как огонь по извивающемуся телу спички
Начинаешь думать о том что всё дело в желании новизны
Прибегаешь к спасительному брому привычки

ТРИЛИСТНИК ТАГАНРОГСКИЙ

1. ВОЛШЕБНЫЙ ФОНАРЬ

Вид Греческой, Петровской, Полицейской
Довольно милый, но не европейский,
Хоть на погосте европейских самых
Вероисповеданий мертвецы,
В театре итальянские певцы
И кружева голландские на дамах.
Мерцают платья, шитые в Париже,
Где действует какое-то метро,
И мягкому немецкому шевро
Легко бежать по чернозёмной жиже.
— Прелестницы давно минувших лет,
Вас принял всех весьма далёкий брег:
Все пристают, и вы к нему пристали.
Однако, где же «прошлогодний снег»
Как сказывал один француз, поэт?
Но вы его, пожалуй, не читали.
Вам нравились гуляния в саду,
Букеты, смех, шампанское во льду,
Далёкие от вечного искусства,
Далёкие, быть может, от всего,
Живое вы предпочитали чувство
Живому описанию его.
Вы верили в слепую веру страсти —
Сейчас... вот-вот взмахнёт рукой маэстро,
Медь запоёт военного оркестра,
И больше нет ни неба, ни земли,
И в сладком вальсе мысли потекли,
Куда? зачем? Ах, боже, что за счастье!
Но жизнь идёт. По пробужденье скором
Являет очевидность вашим взорам

Большой лопух под низеньким забором
И воробьёв, дерущихся в пыли,
В чём тоже есть своё очарованье.
Уже и тени длинные легли,
Шуршат шаги, гремят аплодисменты.
Какие остроумные студенты,
А гимназистки – нежные, как лани…
Вечерний сад, дыханье ветерка,
В глазах детей – довольство и тоска.
А в галерее сгубленных сердец
Старушка за раскладкою пасьянса,
Телеграфист, жестокого романса
Поклонник и отчаянный певец,
Типичная девица из отпетых,
Поэт из тех, кто вечно при поэтах,
Ледащий хлопец с клячей в поводу
И прочие, которые в саду.

2.06.83

2. СЕРЕДИНА ЛЕТА

Под окнами пивной, при общем оживленье,
Возводят балаган на множество персон,
Где будет цирк давать всё лето представленье,
Чтоб вызвать в городской культуре оживленье,
И выход чувствам дать, и мыслям направленье,
Внушив им, так сказать, искусства сладкий сон.

Внутри пивной сидит в пространных размышленьях
Мосье Гапоненко, известный театрал,
Который, говорят, когда-то сам играл,
А может быть и нет — но точно состоял
С актрисами в определенных отношеньях.
Спросите местных львов, и вам ответят так:
Мосье Гапоненко? — он тертая собака,
Вы видели, как он разделывает рака,
Как кушает его? И что такое рак?

Вы задали вопрос, так приготовьтесь слушать,
В том, что я вам скажу, большая правда есть,—
Рак, это вам не гусь. Гуся возможно есть,
Тогда как рака лишь благоговейно кушать.
Да грех и поминать каких-то там гусей —
В любые времена и на любом обеде,
Пока скрипят миры на остриях осей,
Поверьте знатоку, рак — это Моисей,
Могучий патриарх всея вселенской снеди.

Поверьте едоку, пока кружат миры,
Пока не канули в густую бездну мрака,
Возможные сорта возможнейшей икры,
Бараны, индюки, вальдшнепы, осетры —
Всего лишь рой теней в сиянье вечном рака.
От имени его исходит благодать,
Рождает вид его в груди большие чувства.

Когда вы не поэт, вам рака не понять,
Мосье ж Гапоненко – он человек искусства.
Вглядитесь пристальней в невозмутимый лик
Презревшего тщету страдальцев и маньяков,
И как по-вашему, что делает старик?
Вы думаете, спит? Он ждет горячих раков!

И зрелище, тотчас явившееся мне,
Я б не посмел назвать иначе как судьбою:
Восходит человек при общей тишине,
Весьма огромный таз неся перед собою.
Пылает медный таз, над ним клубится мгла,
И эта мгла красна и устрашает многих.
Когда же мощная гора членистоногих
На стол среди пивной обрушена была –
Фундамент задрожал, и будто бы в грозу
По залу пронеслись громовые раскаты...
Тут все попадали, смятением объяты, –
Лишь он один сидел и смахивал слезу.

Мы пива напились и шли навеселе,
И царствовал покой на море и на суше,
Пока небесный Рак простые наши души
По должности варил в весьма большом котле.
Стремилась ласточка в густую синеву,
Собака от жары скрывалась под крылечком,
Пастух с пастушкою брели к своим овечкам,
Но временные наблюдались беспорядки –
Пищало множество детей в капустной грядке,
Пока Амур менял тугую тетиву.
(А так как ныне трудно с тетивами,
То крыл он жизнь последними словами).

Весь день дождило. Ночь прохладна и влажна.
Густая темнота, глухая тишина.
Но крепнут голоса собачьей перепалки,
И жидкий свет цедит по капельке луна

На крыс, справляющих свои дела на свалке,
На двух любовников, сомлевших прямо в балке,
На жуликов, белье гребущих с чердака, –
Многообразна жизнь ночного городка.
Свершен воскресный труд купорки, варки, стирки,
Во всех домах храпят, а в опустевшем цирке
Удав, подверженный влиянию луны,
Про то, что было днем, цветные видит сны.
Он слышит, как вода струится по канавам,
И думает о том, как плохо быть удавом:
Ну, тигром, ну, слоном – ещё туда-сюда,
А вот удавом – нет. Противно, господа.

26.06.83

3. ВПОЛГОЛОСА

М. С. Басову

1

Скоро сказке конец,
Скоро время потянется вспять.
Будет ветер шуметь,
А деревья качаться и спать.
И под частым дождем
Задрожат на поверхности луж
Отражения их
Почерневших и сгорбленных душ.

Словно в поисках счастья,
Разлетится по свету листва,
Будет долго и трудно
Умирать на газонах трава
И совсем одиноко,
Утопая в холодной грязи,
На разбитом асфальте
Обозначатся наши стези.

Бесконечно глядим
На осенний разгул за окном,
Улещаем печаль
Сладковатым дешевым вином:
Хорошо, что на свете
Не иссякли вино и друзья.
Убегает в туман
Неизвестного свойства стезя —

Там простятся, быть может,
Нетяжелые наши грехи.
На китайский манер
Пьем вино и читаем стихи.
Приближается ночь,
Затекает слезами окно —
Хорошо, что на свете
Не иссякли стихи и вино...

2

Всё проходит, увы, —
Вот и сказочке нашей конец,
Не стесняясь в словах,
Время пишет последние главы,
И горит на губах
Легкий привкус осенней отравы,
И навечно готов
Утвердиться в зените Стрелец.
Расплывается сон,
Очертания тают вдали,
От изменчивых чувств
Остаются лишь грусть и беспечность —
Столько дней и ночей
Не оставя следа протекли,
Что, пожалуй, уже
Не страшна нам и самая вечность.
Впрочем, что изменилось?
По-старому солнце встаёт,
Воробьиная драка
Слышна из соседского сада,
Горстью синих плодов
Осыпается куст винограда,

И в малиннике мёрзнет
От дома отбившийся кот.
Всё проходит – и ладно.
Всего уже столько прошло,
Столько встреч и разлук
Навалилось с размаху на плечи,
Что не в тягость уже
Ни разлуки, ни самые встречи,
А беспечная грусть –
Не сложнее других ремесло.

28.08.83

*****

Снова заботы из всех выползают углов,
Снова печаль, как вечернее небо, нависла.
Много ли надо? Каких-нибудь несколько слов —
И без значенья, и, может быть, даже без смысла.
Нам ли с природой своею гонять взапуски,
Дева-любовь, — вертихвостка, безбожница, сводня?
Не обольщайся, всё переменилось сегодня —
Не до объятий, хватило бы просто руки.
Смысл, он во всём. И когда разгорается месяц,
Лица и стены окрасив в мерцающий мел,
Он освящает любую из всех околесиц,
Что он когда-либо чуткому уху напел.
Дева-любовь, ты щедра и простишь святотатца:
В чистом ли пламени, в кухонном чаде сгорю?
Так или иначе — самое время прощаться...
Плачу ли я? Нет, о чем-то своём говорю.

18.04.83

Ах, счастье – тяжёлое бремя,
Нести его – стоит труда?
Любовь – это только на время,
Разлука – уже навсегда.
Мы многое можем отдать ей,
И всё же не этого жаль,
Поскольку среди благодатей
Надёжнее прочих – печаль,
Поскольку во время волнений,
Покорное всякой беде,
Случайное мечется в пене,
Но соль – остаётся в воде.

Плевать мне на ваши
И нужды, и вето,
Я сын своего,
А не вашего века,
Я знать не желаю
Ни ваших имён,
Ни ваших героев,
Ни ваших времён,
И жизнью клянусь,
Что нигде, никогда
Страшней своего
Не узнаю суда.

*****

Когда доходит до безумья разум,
Ещё недавно слеп, и нем, и глух,
Он видит то, чего не видно глазу,
И слышит то, чего не слышит слух.
И правдой разрезаются уста,
И он не говорит уже – вещает,
Но тут огонь прозрений потухает,
И снова наплывает темнота.
А в сердце остаётся пустота
И обречённость бесконечной муке
О том, что были образы и звуки,
О том, что были песнею уста.

*****

Уйти в одиночество, стать хоть на время собой
Параграфом правила в массе густой исключений
Изложенным притчей где поиск буквальных значений
Не то чтоб бессмыслен а больше похож на разбой
Питаясь от сердца как от батареи фонарь
Мерцающей точкой проплыть в бесконечных потёмках
Где кроется память о самых далёких потомках
Где явствует память о корне врастающем встарь
Как плотничьей волей сшиваются доски внахлёст
Скрепятся два неба и станут легки и бездомны
И станет отныне малейший светляк – троерост
Зима полусумерки кошка с глазами мадонны

*****

1

Который год без всяческой пощады
Меня преследует печалью престарелой
Перебродившее и – на тебе, – вино,
Одна зима, с которой, я надеюсь,
Я свёл давно и, в общем, честно, счёты,
И так примерно отстрадал долги,
Что сам в долгу у радости остался.
Она же терпеливый кредитор
И по замашкам даже всепрощенец,
Хотя в конце концов возьмёт своё
Пусть не с меня, с кого-нибудь другого,
Единственно затем, чтоб сохранить
Стрелу весов на грани равновесья.

2

Я тщетно вглядываюсь во встречные лица
Пытаясь прочесть на них хотя бы тень приязни –
С меня же хватило бы и маленькой поддержки
Трамвайная давка и магазинная толкотня
Очень похожи на то, что происходит у меня в душе
И мартовская слякоть
Сведёт с ума кого угодно
Верней того кто
К этому готов

3

Мальчишка с удочкой, старуха с калачом,
Из-за угла – трамвай, из дома – фортепьяно,
Собачья свадьба в зарослях бурьяна.
Младенец спит, базар кипит ключом,
И небосвод шатается, как пьяный:
Простой сюжет знакомого романа.
О чём бишь он? Когда бы знать – о чём.

*****

Вырвать из сердца.
А может быть, с сердцем?
Экое, право,
Милое скерцо…

ГОРОСКОП

Заботливой стайкой вокзальные реют ханыги
По жести небесной колотит гроза молотком
В потёмках стареют тяжёлые умные книги
И дети тоскуют о тёплом песочке морском
Куда как привольно всё рядышком всё по соседству
От сточной канавы до неба поверх чердаков
Вот разве что дети не в меру ударились в детство
Да разве что боги ударились в обжиг горшков
И где-то в сюжете прошла между строк неувязка
Читается слитно а пишется с красной строки
Не стоит печали ведь это не больше чем сказка
А сказки подавно на метаморфозы легки
Пётр тяжется с Павлом Борис ополчился на Глеба
И порознь кричат про какую-то общую честь
Когда-то считалось открытою книгою небо
А ныне по ней и единой строки не прочесть
А ныне в хоромах идёт кутерьма из-за денег
Боярин боярыню с руганью тычет в живот
Визжат дворовые и в настежь распахнутых сенях
Весенние крысы лукавый ведут хоровод
Не то чтоб по смыслу скорее всего для порядка
Как слёзный замах перед деланьем новых грехов
Как вздох покаянный – так необходима разрядка
Для сердца и глаза в графическом строе стихов
Когда одолеет дурман серафических гимнов
Сметающих всё на своём залихватском пути
Великая радость – среди сумасшедших не сгинув
В горниле молчанья высокую чистку пройти
Упасть на колени в тобой же отстроенном храме
Где жарко горит никого не сжигая дотла
Горит не сгорая безмолвия светлое пламя
И радостно плачут светлейшие колокола
И ясной рукою металлы и рая и ада
В бушующем тигле ты медленно плавишь в одно

Надсущное слово тогда опадает прохлада
Серебряный месяц копытцем стучится в окно
Ты пуст до блаженства ни страха в тебе ни отваги
Ни ангел тебя не посмеет затронуть ни чёрт
И ты засыпаешь как средневековые маги
На рваной подстилке у золотом полных реторт
Не густо живётся тому кто замешен на сказках
Не втиснуться небу и в самый большой каравай
Забудь обо всём кроме клеток и тесных и тряских
И в самую душу продутых как зимний трамвай
Где вдовствуют тени тобой незаполненных женщин
Где мается призрак тобой неизжитой тоски
Где смысл бытия так внезапно и странно уменьшен
До точки на карте до буквы в начале строки
Врач выправит мысли а время расставит оценки
Обидно и скучно стоять у закрытых дверей
Но точно известно что блик на облупленной стенке
Дороже чем живопись всех мировых галерей
Не руки а страсти качают весов коромысло
Фонарные грозди растут в молодой темноте
И дети кричат и без всякого дальнего смысла
Распята звезда на высоком оконном кресте
Но в пору смешенья уже не кровей а понятий
Когда порастасканы все временные мосты
Так трудно добиться до верного смысла распятий
Так трудно добраться до истинных гнезд красоты

*****

Пока природа без обмана,
Пока прозрачно и светло,
Пока оконное стекло
До непрозрачности туманом
Привычно не заволокло,
Пока на узкие дороги
Струится жёлтый лист шурша,
И небеса пусты и строги,
И не надломлена душа,
И ухо верно слышит звуки,
И руку чувствует рука,
Пока в сердечном ровном стуке
Нет памяти о прошлой муке,
Пока...
       Да, что-то там —
              пока...

*****

Этот мотив до странного мне знаком
Пустое жилище с низкими стенами и насевшим на них
потолком
Посреди помещения деревянный остов конструкция – нечто
вроде
Вальса-воспоминания о покидающем нас комоде
Состоявшем некогда из весьма изящных точёных и
лакированных штук
Ныне же преданном самой тусклой и разрушительной прозе
В недрах его проживает древний паук
С незапамятных пор погрязший в безразличии и склерозе
Сырость таинственной розой растекается вверх по стене
Пробуждая в воображении причудливые ассоциации
Рыжий цветок запустения Над ним в окне
Голый сиреневый куст и ствол акации
Конкурирующие противоречия ополчаются заодно
Против того кто переоценивает свои разрешающие
возможности
И жаждущий простоты увязает с размаху в сложности
Как атакующий пехотинец в неприятельской спирали Бруно
И увязающий слепнет и перестаёт отличать своих от
Тех которые прямо наоборот
Противник не ошибается он от рожденья знает что выход
Осуществляется через ту же самую дверь что и вход
Если только не предусмотрено запасного
Чем не оправдание и не основа?
Что тут поделаешь плакать ли веселиться
Бога кричать на помощь или ждать человека
Кому из них верить и на кого молиться
Наглухо опечатаны Иерусалим и Мекка
Всё что могло быть – накрепко под замком
Каждая вещь при хозяине (или хозяин при вещи)
Сердце съёживается и подступает к горлу комком
От одиночества – и это уже зловеще

Первая доврачебная помощь это обратить отчаянье в скуку

И заполнить её каким-нибудь безобидным занятием

– Полюбуйтесь-ка на сумасшедшего который протягивает руку

Как за последней милостыней – за рукопожатием

И кто может знать как длинна ещё

Бикфордова нить беды

Сеятели оглянитесь на пожинающего

Собственные плоды

Связи рвутся болезненно может быть болезненней даже чем связки

И приходится с этим мириться потому что у боли тоже своё назначение

Потому что жизнь – такова и только в идиллической сказке

Можно найти описание немедленного и лёгкого излечения

И может случиться так что само назначение воли

И состоит в том чтобы остановить однажды

Свой блуждающий выбор на всеисцеляющей боли

Сделав первый глоток в утоление неутолимой казалось бы жажды

И может случиться так что утверждающей радость

Не в рамках быта а в безмерности самого бытия

И окажется эта обжигаемая лёгкие сладость

Огненного пития

Тихо часы постукивают а значит время идёт

И ни понять ни измерить пока что никак нельзя его

В сумерках тихо и горестно кончает свой век комод

Как в недалёком прошлом – его хозяева

И всякую милость природы принимая из первых рук

Без благодарности без сожаления

В скромном жилище своём обывательствует паук

Обречённый на мудрое неразмышление

*****

Январь. Крещенские морозы,
Морозом писаные розы
На звонком полотне стекла.
А так как вся земля бела,
Во всём царит определённость,
И даже скромного куста
Так вопиюща чернота
И откровенна оголённость.

*****

В последний час, с отчаяньем и злобой,
Захлёбываясь мутью городской,
В последний раз с отвагой воровской
Пойди на всё.
                    В последний раз попробуй,
Как бритву, время задержать рукой.

Когда, как воздухом, отчаяньем дышала
Душа и всё на тёмный лад кроя,
Начала и концы перемешала
И растеряла чувство бытия,
Со сменой масок, лиц, ролей, нарядов
Менялись смысл, порядок, существо:
Зловещее творилось волшебство
Рождения, агонии, распада,
Немыслимой какой-то круговерти.
Вдруг всё остыло, превратясь в золу.
Был холоден последний поцелуй,
Как вздох зимы или движенье смерти,
И он забрал последнее тепло,
И с ним взаправду что-то отлетело,
И, ставши тенью собственною, тело
На свет звезды исчезнувшей пошло.
– Так, в сумрачно светящемся кругу,
Одно, с самим собой ведя беседу,
Оно брело, не оставляя следа
На ровно зеленеющем снегу.

*****

В. Цыркову

Монгольская душа,
Какую и Европой не исправишь,
Блажит и направляет не спеша
Работой пальцев, нежных и тугих,
Поспешный бег ошеломлённых клавиш
По ступеням одних-тридцать вторых
И шестьдесят четвёртых.

Плачьте, смейтесь, грезьте,
Теряйте волю, трогайтесь с ума,
Когда лучиться начинает тьма,
А в птичьих трелях слышатся грома
И мир кружится, хоть стоит на месте.
Но вот слышны короткие звоночки,
Весть, что под стать младенцу из пелён,
Из ставшей разом тесной оболочки
Душа стремительно выходит вон.
Куда – как знать – к истоку или к устью?
Бегут минуты, молкнут голоса –
Всё преходяще, даже чудеса,
И ей пора назад, к родному захолустью.
И – воцаряется, светла и холодна.
Она и не она.
Как влагою – волна,
Как ветром – небеса,
Напоена до крайности, до дна
Божественной прарадостью-прагрустью.

И, может быть, высокий смысл искусств
Не клич, не плач, не смех, а нечто вроде
Пути к преодоленью наших чувств,
Не свойственных ни духу, ни природе.

*****

Вплестись в облетевшие ветви,
Вписаться в их мёртвый уют,
Когда с переливами ветры
По склонам январским поют.
Под их монотонные бредни
Приблизятся сроки, когда
Простишься с любовью, последней,
Которой в глаза не видал,
А к сроку, когда превратятся
Поля в чёрно-белый плакат,
Хватило бы силы расстаться
С надеждою, взятой в прокат.
Здесь небо темно и убого
Для духа, и сердца, и глаз,
И незачем клянчить у Бога,
Что не для тебя он припас.
И незачем с набожным плачем
Валяться в холодной пыли,
Коль скоро все сроки раздачи
Земных утешений прошли.
Прошли дележи и делёжки,
Всё пало на круги свои,
И всё растащили до крошки
По чёрным ходам муравьи.
Поэтому сходками правит
Засевшая в сумерках боль,
И головы тупо буравит
Своим остриём алкоголь,
И, сыты искусственным раем,
Теряя рассудка следы,
Последний фонарь принимаем
За свет Вифлеемской звезды.

*****

Убежим хоть на год, хоть на час,
От разборов, раздоров, разладов,
От во всё проникающих взглядов,
Больше нашего сведущих в нас.
За квартал ли, за тысячу миль,
Загодя к расставанью готовясь...
Вот такая печальная повесть,
И смешная – почти водевиль.

*****

Вышла из роли – всё стало и трудно, и просто,
Просто уставши ходить по разумной кривой,
Не оступилась, но словно с высокого моста,
Без сожаления кинулась вниз головой.
Чудо свершилось, и всё-таки ты не взлетела,
Всех нелетающих держит рассудок в узде.
Только от места, где падало тёмное тело,
Ходят круги по ещё не остывшей воде.

*****

Темно, и душа разрывается мыслью двойною,
Которую так же принять и понять нелегко,
Как чёрную прядь, перебитую сплошь сединою,
Когда на губах не обсохло ещё молоко.
И сходишь с ума от сознанья напрасной потери,
В надёжные стены царапайся, бейся, кричи...
Но сторож уже запирает красивые двери
И кроме себя никому не доверит ключи.

ОСЕННИЕ НАБРОСКИ

1

И природа, и мысль замирают в канун листопада
Удивлённо среди удивительных игр тишины,
И не могут понять, отчего горьковатой прохладой
Эти яркие дни неожиданно напоены.
На деревьях ещё не играет смертельный румянец,
Но по листьям уже пробежала предчувствия дрожь,
Предвкушение часа, когда беспорядочный танец
По их бронзовым тельцам отплясывать примется дождь.
А покуда небес не исчерпана крайняя милость,
До ближайшей беды, как до дальней звезды, далеко…
Так откуда тревога? Ещё ничего не случилось.
Разве – слишком спокойно. Разве – дышится слишком легко.

2

Туман, и от земли исходит слабый свет,
Поскольку вся она в кленовых жёлтых звёздах.
В ветвях колеблется сырой и тёмный воздух,
Моим дыханьем только и согрет.
Из всех живых существ лишь осень, дождь, да я
Бездомны. Плач воды нетороплив и долог,
И тонет в сумерках мерцающий осколок
Разбитого, как склянка, бытия.
Печально понимать, что в шаге от меня
Жизнь, как вода, течёт и не даётся в руки.
Но грусть пустой души – лишь разновидность скуки,
Как свет пустых небес – лишь скучный отблеск дня.

3

В теченье дней и голубых, и мглистых
С деревьев, разодетых в пух и прах,
Садовник молча золото повыстриг,
А сад стоит. Как видно, суть не в листьях,
Не в золоте. И даже не в словах.

4

Ещё недавно трепетала
Прозрачным трепетом листва,
Но в ночь одну седою стала
Земля — совсем как голова.
И пряди белые повисли,
И мы дознаться не вольны,
Какие в ней блуждают мысли,
Какие в ней роятся сны.
Мы просто топчем снег хрустящий,
Спеша поверх чужих следов
Во всё сгущающейся чаще
Строений, судеб, проводов...

*****

Не Полоний, старая крыса,
За портьерою копошится,
А гнездится вся мерзость мира,
Направляй же клинок туда —
Отрешённо, неумолимо,
Чтоб удар не пришёлся мимо
Сердца. А иначе беда.

*****

Трамвая сонные толчки,
И пустота, и на мгновенье
К руке моей прикосновенье
Полубезжизненной руки.
Оно ни радостно, ни тайно,
Оно, господь нас рассуди,
Как наше прошлое, случайно,
Закономерность — впереди.
Оно, как отзвук разговора,
С которым нечего связать,
И знак того, что слишком скоро
Нам будет нечего сказать.

*****

К чему эти слёзы и горькие мысли о встрече,
Надежды на то, что земля тебе будет легка?
Как в памяти долго горят погребальные свечи,
Хоть бедная память, как бедная жизнь, коротка.
Но ведь умираем ненадолго, только до срока,
Не то чтоб навеки, а проще сказать — на теперь,
Как в гости уходим к соседям, что неподалёку,
Ненадолго — и оставляем незапертой дверь.
Уходим туда, где узнаем всю правду о мире,
Рассыпанном в вечности пригоршней мелких монет,
Чтоб, снова пройдя растворенье в межзвёздном эфире,
Вернуться обратно на путь откровений и бед.
Чтоб снова взвалить эту смертную ношу на плечи
И с нею тащиться, вовсю чертыхаясь, к концу,
И снова молить о какой-то несбыточной встрече
И плакать — и всё-таки быть благодарным Творцу.

ТВОРЧЕСТВО

Когда, по-клоунски неловки,
Мы движемся по самой бровке,
По крайней грани двух миров,
В одном из центров мирозданья,
Тогда — да здравствует страданье,
Которому ещё названья
Нет в лексиконе докторов.

Тогда — свободен от инерций,
Летит поверх сомнений дух,
Суха гортань и влажен слух —
За них предстательствует сердце,
Для них поёт нетленный свет

О том, что есть лишь муки эти,
А больше ничего на свете
Не будет, не было и нет.

1981

******

Покойник жив, хотя клянёт житьё
И милостями сыт до оговенья,
И на пороге млечного забвенья
Молочное вкушает забытьё.

В глазах рябит кристально честный снег,
И оттолкнув тугую грудь пустышки,
Как чемпион с многометровой вышки,
Ныряет в омут робкий человек.

1981

*****

В Пярну лёгкие снега…

Д. Самойлов

Дождь день и ночь в окно стучит назойливо,
А под дождём – кипучие бега.
Москва битком, но нет в Москве Самойлова,
Затем что в Пярну лёгкие снега.
А здесь творцы великой суеты
Гремят разновеликими литаврами,
Цветут весь год искусственными лаврами –
Что им твои морозные цветы?

Пальто, сапожки, трости, шапки, шубки,
И жизнь, смеясь, показывает зубки
Уму непостижимой остроты,

Толчётся грязь в большой бетонной ступке…
А ведь стихи должны быть очень хрупки
Не без причуд – и не без чистоты.

ОФЕЛИЯ

1. Ночь

По чёрным ветвям и стволам до земли
Стекает закат, как янтарная лимфа.
Скажи мне, дружок, где признанья твои,
Где песни, Офелия, — дурочка, нимфа?
Ручьи и речушки промёрзли до дна,
Где дремлешь, за куст зацепилась фатою,
И ждёшь, чтобы льды растопила весна,
Чтоб снова безумна и снова вольна,
Отправилась в плаванье ты — за мечтою.
Безумье — мы пили его благодать
Хоть порознь, и всё же на празднике нашем
Так много друг другу могли б рассказать
Того, что другим никогда не расскажем:
Как вместе по краешку бездны одной
Ходили с тобою, и птицы кричали,
И зори смыкались у нас за спиной —
Мы знали друг друга и не замечали.
И вот небеса непроглядно черны,
И в замке пустом загораются свечи,
А снег заметает прозрачные плечи
И белые губы — и вещие сны
Дымятся и тают. Ну что же, до встречи,
Сестрица. Вернее сказать, до весны.

2. Утро

Восходит день, и свет пустой и зыбкий
Сжимает мир в своём полукольце,
И только тень болезненной улыбки
Ещё живёт на мраморном лице.
О чём она — быть может, об отце,
О брате ли? О странной ли ошибке?
Печаль светла, пока ночные скрипки
Не утомятся петь в её дворце.
О чём они? О том, что, слава богу,
Всё кончено, и новую тревогу
Не принесёт уже дурная весть,
Или о н ё м, на ком убийства мета?
Печаль светла, покуда имя это
Им не дано ни спеть, ни произнесть.

*****

1

Зима, хрипя, в дверях моих стояла,
Как я стоял в преддверии беды.
Был жарок свет рождественской звезды,
Но вплоть до неба громоздились льды
И было небо ветрено и ало.
Внизу позёмка стёрла все следы,
И заоконный мир от глаз скрывала
Резная плёнка ледяной слюды.

2

Сперва, как сон, всё было вон из ряда,
Всё поражало чувства, разум, взгляд,
Всё было откровеньем: снегопад,
Прогиб ветвей под гнётом снегопада,
Или под небом цвета шоколада
Мерцанье нескончаемого ряда
Тишайших крыш – и белая прохлада
Струилась свыше много дней подряд.
Душа моя в покое пребывала
Под музыку блаженной тишины
И каждый час такое узнавала,
Чему, по сути, не было цены –
Её печаль природы врачевала.
То пробудясь, то возвращаясь в сны
Из самой непроглядной глубины
Разверзшегося некогда провала
Она неумолимо восставала,
И были дни унынья сочтены,
А горести не более страшны,
Чем шутовские рожи карнавала.

3

Когда бы знать, где упадёшь, где встанешь,
Но повидавши мир таким, как есть,
Не глупо ли, кусая губы, лезть
В счастливчики? – природы не обманешь,
Не совратишь, как мягко не стели.
Итак, прощай, последняя надежда,
Или как там тебя. Блаженствуй между
Землёй и небом. Мне бы – хоть земли:

Прижаться к ней в заплёванной траншее,
Смешаться с пылью или вмёрзнуть в лёд,
И ни глазком туда, где синий свод,
Где высоко и где ломают шеи.
Прощай, надежда. Я не помню зла.
Где взять конфетку подсластить прощанье?
Ты так добра, что даже обещанья
Меня в лицо запомнить – не дала.
Тебе известно, что посулы – ложь,
И что нельзя совсем бесследно кануть.
Я отдал всё. Но, к сожаленью, память
Ты у меня уже не отберёшь.

4

Такой мороз, что стынет в горле крик.
Такая ночь, что ни конца, ни краю.
Рассудок нем и слаб умом язык.
И жить хочу, и снова умираю.

5

Был снегопад силён необычайно,
Взгляд задыхался в нём и вязла речь,
Фонарный свет висел, не в силах лечь,
Но жизнь текла, поскольку время тайно
Сквозь все предметы продолжало течь.
И было что-то в этих днях счастливых
От на разрыв натянутой струны.
Пока – мело. А в облачных разрывах
Уже мерцал холодный глаз луны.

Цвела звезда Христова Рождества,
Как будет цвесть в веках Христова слава,
Но было небо мутно и кроваво,
И ветер выл, как горькая вдова.
Куда бежать? Что влево, что направо,
Что вверх, что книзу — кругом голова,
Здесь что ни шаг, то новая растрава.
О, Господи, услышь мои слова,
Увидь меня и протяни мне руку,
Согрей меня, как воробья, в горсти,
Мне холодно. Я одинок. Ни другу,
Ни женщине не удалось спасти
Меня. Но если высший смысл пути
В том, чтобы всласть намаявшись, по кругу
К небытию обратно приползти —
Убей меня. И сквозь туман, сквозь вьюгу
Лети душа.
       Куда-нибудь — лети...

И он искал судьбу, и обошёл весь свет,
Верней, его дворцы, подворья, закоулки,
Где сонные шаги, как канонада, гулки,
Где бархатная пыль хранит годами след.

Он сушу обыскал и повернул в моря,
Где любопытных ждут лишь волны да миражи,
Да редкий островок, где в зарослях на страже
Пантеры жадный глаз и дротик дикаря.

Он видел многое и на своём веку
О многом размышлял без грусти и смущенья,
Но рано, поздно ли, пловцу ли, ходоку,

Когда придут к концу дорожные лишенья,
Переживать домой с повинной возвращенье,
Учиться заново родному языку.

*****

Сухой газетный лист трещит от новостей.
Слетаются они со всех окраин света,
Как будто ничего на свете больше нету
Помимо новостей всех видов и мастей.

В сибирской мерзлоте опять нашли мосол,
В Закутьевске опять одержана победа,
В коварной Персии ещё один посол
Печально разделил судьбину Грибоеда...

Он разом всё вместит и разместит мгновенно,
Он целый день в бегах, он целый день в труде,
Советчик в радости и поводырь в беде,

Он знает, кто и как, он знает, с кем и где,
И оттого на мир взирает так надменно
Сухой газетный лист, топорщась на гвозде.

НАЛОЖЕНИЕ

Призрачная девушка выписана тщательно:
Без признаков распада и руки, и лицо,
И всякий засвидетельствует, что сходство замечательно,
Совсем, как в голографии или у мадам Тюссо.
Пристальный художник, мученик похмелья,
Долгие недели над палитрой горбясь,
Из потёмок выловил этот милый образ,
Экая красавица бедная Офелия.
— Она лежит и нежно бредит,
Давно от мира далека,
Ей бесконечно жалко принца,
Идейного — но дурака.
Ведь то, что из-за вас страдали
И жизнь окончили в пруду,
Достаточное основанье
К преданью высшему суду.
Уж там намнут ему бока.
А может быть, и нет — глядишь, и оба правы,
А может быть, и он погиб не для забавы.
Почём нам знать, какие были нравы
В те дальние века?
Тогда как на палубе
Современного парового океанского лайнера
Прогуливаются англичане,
Одетые, как самые настоящие англичане.
Они покуривают сигары,
Прикасаясь к талиям англичанок,
Которые, если их даже раздеть,
Всё равно останутся настоящими англичанками,
А всё видимое пространство
Занавешено флагами различных государств,

Потому что сегодня на лайнере
Грандиозный
Международный
Бал

1.10.83

ЦИКЛОН С АТЛАНТИКИ
ЗАКЛИНАНИЕ

Я всё твержу об этом,
Чтоб часом не забыть:
Приятно слыть поэтом,
И очень больно – быть,
Чтоб, не гонясь за славой,
Не прячась от плетей,
Стать маленькой забавой
В руках больших детей.

ЖЕСТОКИЙ РОМАНС

Голос осип и чувства совсем оскудели,
Взгляд помутнел и даже усы поседели.
Прежде был солон, а ныне до тошного пресен, —
Женщинам скучен, вот разве врачам интересен.
Только и знаешь болтаться на пару с тоскою
В мокрых потёмках, в мечтах о спасительном чуде,
В недоуменье: да что ж это сталось со мною,
Добрые люди? Ах, добрые, добрые люди...

ЗАГОРОДНАЯ БОЛЬНИЦА

1

Сквозь туман, клочковатый и мглистый,
Прибольничный виднеется сад,
Где вороны, как чёрные листья,
На ветвях неподвижно висят,

И строенья приземистой цепью
Поднимаются, как ото сна.
За строеньями степь, а за степью
Тишина, тишина, тишина.

2

Тут всё на счету, без утайки:
Лекарства, и хлеб, и вода,
Тут в серой казённой фуфайке
Под окнами бродит беда.

Такая, поди, она сроду:
Присмотрит, вселится и съест,
И диво ей – столько народу,
А нету незанятых мест.

3

Белые халаты,
Серые халаты,
Коридоры, тупики,
Тёмные палаты.

В тихом омуте окна
Заметались тени,
Высоко стоит стена
Розовой сирени.

Высоко стоит звезда,
Ранняя на диво,
Переходят провода
На речитативы –

Боже правый, в чём же мы
Все тут виноваты –
Серые халаты,
Белые халаты?

UNE VIE D'ARTISTE

I

И осень, –
И воздух насыщен сырою и тёплою охрой.
Пейзаж намалёван случайно и грубо,
Как будто рукой примитива.
Но невыразимая нежность лежит в основанье письма,
И эта основа имеет также мало общего с формой,
Как чувство любви
С признанием в таковой.
– Я люблю тебя, –
О, как это важно звучит,
Приблизительно так же,
Как первое встречное дерево с жёлтой кроной,
Как дождь, который падает на него,
Пока я иду по короткой аллее,
Бог весть какой судьбой втиснутой
Меж двух проезжих частей улицы
(По левую руку трамваи, по правую автомобили)
В любезном моём захолустье.
Я иду по аллее,
Мои лёгкие пропитаны сыростью и никотином,
А сознание заполнено множеством образов,
   враждующих между собою,
И сам я с собой не в ладу.
Вчера от бедняжки Пьеро
Опять убежала невеста,
С деревянным проезжим гусаром
Смоталась себе – и молчок.
В театре ужасная буча,
А волей судьбы дурачок
От ярости и от любви
Не может найти себе места.

И хоть его бедное сердце
На тысячу рвётся частей,
Он бьётся отважною грудью
О мутные волны страстей,
Он бьётся отважно и жадно,
И биться готов до конца...
...И примут голодные бездны
Влюблённое тело пловца.
И ангелы хором восплачут
На ужасом жаждущих всех,
И в сумрачном небе раздастся
Холодный, не ангельский смех.
Осень богата, но расточительна,
Как некий алхимик,
Который производил много золота
И раздаривал его направо и налево.
Но красный (другие утверждают, что жёлтый) порошок,
Производящий чудесные в металлах перемены,
Со временем иссяк,
А секрет его был, по неизвестным причинам, утрачен.
И несчастный старик умирал в полной нищете
  и душевном расстройстве.
Всё же, что сказано выше
О бедняжке Пьеро,
Прошу не относить на мой счёт,
Чтобы не впасть в заблуждение относительно мыслей,
Волнующих меня в настоящее время.
А так же
Пресловутое
– Я тебя люблю –
Вырвавшееся, несомненно, из самых сокровенных и искренних
недр сердечного амбара и обладающее по твёрдому моему
убеждению, силой магического заклинания,
всякая женщина, а уж тем пренаипаче хорошенькая, может
безболезненно отнести на собственный счёт,
Чем окажет мне честь
И неизъяснимое,

Ну прямо-таки ангельское,
Чтобы не сказать – чертовское
Наслаждение.
При сём прошу обратить надлежащее внимание
    на следующее нравоучительное умозамечание:
Пустяшной житейской невзгоды
Не вынес бедняжка Пьеро,
Затем, что был туп от природы,
Но чувствовал слишком остро.

06.10.83

СЕНТЯБРЬСКАЯ ПУТАНИЦА

1.

Есть у меня
несколько пластинок
И.С.Баха.
И есть проигрыватель
с иглой, сточенной,
как последний зуб в челюсти долгожителя.
И есть календарь,
из которого явствует,
что наступила осень.
Верю
и человеку, и зверю,
но верить календарю –
покорно благодарю.
Тем не менее,
не возникает сомнения
в том,
что происходящее за окном
состоит в определённом родстве
с драмой, разыгрываемой оркестром
  на запиленной чёрной пластинке,
когда растения предстают взгляду
  в своём первозданном естестве,
и всё в них свидетельствует о поединке
между жизнью и смертью.
В тоже время деревьям весело,
  и предчувствия их не томят,
из всего живого они одни умирают без страха,
и мудрое мементо мори, свойственное творчеству
                композитора Баха,
во всех проявленьях природы подмечает
            рассеянный взгляд.

Солнце уже высоко, но его лучи вовсе не жарки.
Свет меж деревьев кружит, хорошо одинокому в парке.
Светом пронизанный день, даже в чаще ни капельки мрака,
Лишь моя осторожная тень
Возле ног улеглась, как собака.
Ни литавры гремят, ни грома,
Тихо-тихо идёт кутерьма,
Золотая сгорает эпоха,
И неплохо б, куда как неплохо
У деревьев набраться ума.

2.

— Так-так! — скажет насмешливый читатель. — Если вы не верите календарю, то уж будьте последовательны и не доверяйте часам. А между прочим, и часы, и календарь являются достаточно точными приборами для измерения хода времени и согласованы в своём устройстве с движением звёзд и планет. Движение же звёзд и планет, в свою очередь, строго согласовано между собой. Таким образом, если вселенная представляет идеально слаженный механизм, где все составные…

— Позвольте, но коль скоро речь идёт о вселенной, то причём тут какое-то время? И вообще, кто-нибудь его видел, слышал, щупал, наконец, извините за выражение? Если вы такой последовательный материалист, каким хотите казаться, так покажите мне пример и имейте мужество выбросить ваши часы, а следовательно и календарь к чёрту.

Кстати, что вы о нём думаете? наука его отрицает, зато у меня есть немало добрых знакомых, которые его видели собственными глазами, находясь, правда, в особом состоянии духа, так называемом делириум тременс. Наука утверждает, что эти видения суть не что иное, как образы, существующие исключительно в воображении горячечного больного. Но той же науке принадлежит и утверждение, будто все образы, посещающие наше воображение, независимо от качества, есть порождения реальности, и только. Таким образом, круг замыкается, вследствие чего чёрт определённо приобретает гражданские права на манер нас с вами. И выходит презанятная штука: времени нету, а чёрт — есть. И боюсь, если вы будете впредь упорствовать в его отрицании, то он вам себя ещё покажет.

Но тогда не жалуйтесь, что это я науськал его на вас.

3.

От трёх простых причин легко с ума сойти:
От осени, от музыки, от женщины,
А если сразу две из них замешаны,
Будь начеку и с жизнью не шути.
Среди болезней нет страшнее двух,
Ещё есть казнь одна, страшнее многих казней,
И таковы, без всякого сомнения,
Боязнь любви, сродни водобоязни,
И глухота, когда сохранен слух,
И слепота при полноценном зренье.
И есть ещё мечты, они не сочтены,
И тут судить непросто об уроне,
Но факт есть факт — всё больше желтизны,
Всё больше пустоты в когда-то пышной кроне.

28-30.09.83

СОНЕТ

Вполне возможно, неприкаян,
в своей компании дурной
среди живых гуляет Каин,
гоним забытою виной.

Подолгу он сидит в пивной,
шумит, бушует, как хозяин,
и житель городских окраин
его обходит стороной.

Он то двугривенные просит,
то синяки под глазом носит;
и вы б с ним встретиться могли,

но, говорят, его нашли
зарезанного под вокзалом:
а был он безобидным малым.

26.07.83

Воздух густел. На душе и в природе
Было светло и тревожно, когда
На голубом и пустом небосводе
Вспыхнула белою искрой звезда.
В спутанных за зиму космах сирени,
В стёклах домов, в придорожной пыли
Лёгкие, чуть обозначившись, тени
Таяли, переливаясь, текли.
Белое всё разгоралось свеченье,
Так что казалось сводящим с ума,
Новое приобретали значенье
Сумерки, крыши, деревья, дома.
И то и дело срываясь на шёпот,
Бог весть куда заводящая страсть
Бог весть куда зазывала, но опыт
Не позволял ни взлететь, ни пропасть.
И — благодетельной силой привычки —
Выжили, каждый держась за своё:
Ссорились женщины, шли электрички,
Вспыхивали разговоры, как спички,
Дети играли и сохло бельё.

10-12.05.83

ОТТЕПЕЛЬ

1.

Что с тобою, приятель? Да ты не иначе, как бредишь.
Стал я строптив. В день иной
Ко мне и на кривой козе не подъедешь.
Лист прошлогодний, словно случайный прохожий,
  шуршит за моей спиной.
Весна, и поэтому в воздухе пахнет весной.
Весна, и поэтому в воздухе пахнет котами,
И мокрым асфальтом, и несбыточными мечтами.
Они истлевают в грудах невыметенных листьев
И мокнут под дождём, слишком напоминающим осенний,
Чтобы радовать глаз,
Да и ты стал другим,
Просто тебе стыдно признаться в том,
Что недавно ещё
Ты был таким мечтательным фикусом в кадке,
Этаким экзальтированным полудомашним скотом.
Стал ты задумчив, брось. Чего ни надумаешь сдуру.
Как неистребимо в тебе запоздалое
             это ребячество,
Всё – проще. И Подмосковье напоминает
             японскую просто гравюру,
Только самого высшего качества.
Заметно сдали морозы, а с юга плывут туманы,
Хоть радио обещает и ветры ещё, и метели.
А местные жители расхаживают, засунув руки в карманы,
Никуда не спешат, и вообще,
             плевать они на всё хотели.

2.

Просто мир стоит на обмане:
Одна волна гасит другую,
Чем достигается видимость покоя.
Встречный ивняк распатлан, рыж.
И долго тянется вдоль берега,
Под которым виднеются чёрные с желтым промоины.
Тихо. Кричит ворона.
Одна в сером и сонном пространстве,
В огромном пространстве одна.
Она не видна,
Но крик её долг и слышен на всём протяженье пути.
Дубы на склоне имеют вид залихватских плясунов —
Так и уснули.
Трудно идти.
Жизнь проста и пуста,
Как цепочка собачьих следов
На шершавом и тёплом снегу.
Шельмы собаки,
Им бы бегать да бегать,
А вороне летать да каркать,
И ничего невозможно понять в этом мире:
Какая-то страшная тайна сокрыта
В пустейших житейских вещах...
Впрочем, о чём я?
Сам не знаю — о чём.
Штрих колокольни маячит в размытой дали,
Лёгкий и тонкий, как острие многоразовой бритвы.
Вот был бы скандал, вот была бы потеха,
Если бы наши молитвы
В самом деле до неба дошли.
В самом же деле нет дела важней ритуала.
Энергетический кризис: слишком мало
В людях жизненного начала,
Зато житейского — хоть отбавляй.

Собачий хозяйственный лай,
Деревенский какой-то мотор
Рассыпается мелким бесом.
Ворона уже не слышна,
Скрылась за дальним лесом.

3.

На снегу растекаются лужи,
Светлеет свет, темнеет восток.
Мысль ползёт неуклюже,
Как дорожный каток.
Мир стройный, как кувшинка,
Во всём закон и мера.
Пишущая машинка —
Новейшая галера.
Рано темнеет, рано.
Ветер шумит в садах,
Где каждый живой росток,
Гнетёт смертельная нега,
И только спинки скамеек
Выпростались из-под снега,
И предвечернее небо
Запуталось в проводах.

24.03-5.04.84

*****

Нам раздваиваться не внове,
Но зачем, скажи бога ради,
Столько бодрости в каждом слове,
Столько горечи в каждом взгляде?
И, зачем, скажи ради бога,
Врём, что всё мы переиначим?
Говорим горячо и много —
И глаза друг от друга прячем.

17-18.10.86

СОНЕТ

Скучно и ладно. Такие дела,
Видно, не светит нам жить по-другому.
Жёлтый автобус летит, как стрела,
В сумерки, за город, к жёлтому дому.

Сдача с полтинника, сдача с рубля —
День и не начался, а уже прожит.
Мёрзнут озимые, мёрзнет земля,
Мёрзнет всё, что только мёрзнуть может.

Едем. А там, на крутом берегу,
Тихо и так далеко до рассвета,
И не одна уже песенка спета,

И не одна уже… Господи, где ты?
Сумерки, сумерки и на снегу
Жирные полосы жёлтого цвета.

18.01.85

*****

Пора проснуться: осень на дворе,
И вечера уже в тумане тонут,
Но желтизною лист почти не тронут,
А воздух тих и влажен на заре.
И каждый звук в пространстве растворён,
И каждый контур лишь едва намечен,
И мир ещё почти не опредмечен,
Ещё почти совсем не сотворён.

23.09.86

*****

Свищи разбойником или пой соловушкой
Кем хочешь будь
Жестокоромансной горькой головушкой
Пади на грудь

Ах мир давнего жестокого
Не цветочек в петлицу так платочек в обшлаг
От покидающего до покинутого и от единственного до
одинокого
Слишком короток шаг

Блещут вечные темы
В антикварной пыли
Отцвели хризантемы
Отцвели отцвели

Сумасшедшие – где мы
Не у края ль земли?
Отцвели хризантемы
Не цвели – отцвели

*****

Влюбиться в музу и сделать её
Женой наложницей девкой
И овладеть ею – чем грубее тем лучше
Чтобы когда пройдёт первый восторг обладания
Вдруг опомниться и понять
Что всё было обман
Что её божественна сущность
Не принадлежащая ни времени ни тебе

СОНЕТЫ

I

Когда года подходят к сорока,
Жить устаёшь, пожалуй, поневоле:
То там, то здесь прихватывают боли,
Нет идеалов больше, и тоска,
Забившись вглубь, грызёт исподтишка,
И точит разум, и лишает воли,
А ты всё скачешь вроде поплавка
В кругу такой же перекатной голи.
Должно быть, к счастью, может быть, к стыду,
Привычка к подневольному труду
Давно сменила жажду приключенья...
Меж тридцатью и сорока – века,
И многие понятья к сорока
Лишаются и смысла, и значенья.

18-24.11.86

II

Когда деревья ветер обнажит,
Сметая прочь непрочные красоты,
И припадут небесные высоты
К земле, где грязь промёрзлая лежит,
Вдруг станет ясно: нет, не подлежит
Жизнь переменам. Стройно до тошноты
Бегут по кругу вечные заботы,
По кругу время вечное бежит.
Навис туман. Безжизненна земля.
То там, то здесь чернеют тополя,
И птичья тень скользит неторопливо
Над грязью Таганрогского залива.
— Что ж, подождём, когда придёт весна
И новый сон навеет царству сна.

18-21.11.86

III

Ах, отчего нерадостна душа?
Доныне запрещённая наукой,
Она грустна, и грусть тому порукой,
Что весь запрет не стоит и гроша.
Она не вечна и не хороша,
Не отзовётся, сколько ни аукай,
Живёт себе, изъеденная скукой,
Неясно чем питаясь и дыша.
Так в брошенной хозяином квартире
Один в большом и населённом мире
Живёт в комоде сломанном паук
Без радостей и без особых мук,
Не знающий общественных наук,
Не верящий, что дважды два — четыре.

19.10.86

IV

Луна несёт дыхание Востока,
Пустая даль морозна и мертва.
Ветвей обледенелых кружева
Мерцают в искрах лунного потока.
А разменявший годы на слова,
Но не достигший ясности пророка,
Один, вне круга дружбы и родства
Всё лепится то сбоку, то с припёка.
Всё чудится ему из полутьмы
Какая-то неясная угроза,
Он отупел от скуки, от мороза,
От бешеной житейской кутерьмы,
А на Востоке пламенеют розы,
Цветёт миндаль и вовсе нет зимы.

19.12.86

НОКТЮРН

Прорезалась луна
Сквозь облачную рвань.
Уже такая поздень,
Уже почти что рань.
Густые облака,
Пугливая луна.
Опять проходит ночь
Без отдыха и сна.
Гуляет на цепи
Кобель сторожевой.
В густой ночной кошмар
Зарыться б с головой.
Внизу такая грязь,
Вверху такая синь.
Не вяжутся концы.
Отдать бы их. Аминь.

7.10.87

МАРШ

Мы проще микроорганизмов
И потому ещё в живых
Средь социальных катаклизмов
И неурядиц бытовых.
Нас – много. Нам – немного нужно,
Мы, жаждой мщения горя,
В одну могилу валим дружно
Героя, бога и царя.
И не помешкав над могилой,
На все четыре стороны
Летим, сильны единой силой
Нас разметающей волны.

8.88

ВОЗВРАЩЕНИЕ

1.

Как знать, во сне ли, наяву,
Шло дело прямо к Рождеству.
Земля была пуста, горбата,
И под снежком ещё темней
Казалась. Было что-то в ней
От чёрно-белого плаката.
И бесконечно ветер выл,
Какой-то смутный, дикий, древний,
Кружил над вымерзшей деревней
И снова в город уходил.
Казалось, веял духом смерти
Его решительный набег,
Казалось, выжить человек
Не может в этой круговерти.
Но, как ни странно, в эти дни
Мы веселились, словно дети,
Как будто были мы одни
На льдом покрывшейся планете,
И были звонко-холодны
Струи живительной отравы,
И все мы были влюблены
В свои невинные забавы.
И заоконный мир померк,
Лишь, озаряя наши лица,
Был должен длиться, длиться, длиться
С ума сводящий фейерверк.

2.

Но тут на старого врага,
Под стать насупленным героям,
Легко волнующимся строем
Пошли обильные снега.
И всё, что было на земле,
Без промедленья и оглядки
Смешалось в новом беспорядке
И утонуло в новой мгле.
И словно дети в страшном сне,
Мы задыхались от испуга
И не могли найти друг друга
В кромешной этой белизне.
Лишь образ прошлого витал
Среди сугробов троеростых
И с рыбьей жадностью глотал
Негодный для дыханья воздух.
Пейзаж был скучен и случаен,
Я брёл без мыслей и дорог,
Почти утешно опечален,
Почти блаженно одинок.

3.4.83

ПОДРАЖАНИЕ ХАЙЯМУ

1

Если я пьян, как дьявол, в ад сойду,
Накличу ли я новую беду?
Ведь ад, увы, не обратится раем,
Если я трезв, как ангел, в ад сойду.

2

Твоё лицо, как утренний цветок,
Душа – шипа колючий коготок.
Такую помесь нежности и злобы
Мог вывести, конечно, лишь Восток.

3

К законности любовь в крови у нас.
Мы все бунтовщики лишь с пьяных глаз.
Ты требуешь отмены шариата?
Ты не смелее, ты пьянее нас.

21.11.86

ЛЕТНИЙ СОНЕТ

...И то заплачет флейта, то зальётся
Беспечным смехом. Словно ветер в поле,
Гудят смычки – им хорошо на воле,
И клавесин с насмешливой хрипотцей
На птичий лад отщёлкивает доли.

И разом – всё. И упорхнули звуки
К себе, в покой, в размеренность, в нетленье...
Ах, горше нет провинциальной лени,
Томительной провинциальной скуки!

Слегка закусим, нехотя поспорим.
В окне торчит убогая картинка,
В консервной банке мается сардинка,
И вхолостую вертится пластинка,
И воздух пахнет подогретым морем.

******

Царица ныне царствующих магий,
Где тёмен свет, но озаряет тьма,
Когда перо внимательной бумаге
Диктует то, что скрыто для ума,
Где золота не переплавить в прибыль...
За то под небом жёстким и косым,
Гляди, себе не наворкуй погибель,
Колдун, вероотступник, блудный сын.

ВАРИАЦИИ

1

Вымерзает по склонам трава.
Сквозь пары ледяного тумана
Не оптические ли обманы
Осторожно плетут кружева?

Да уж, осень мутить здорова,
Так и жди, подберётся незванно,
В кутерьму плутовского романа
Заведёт – и была такова.

И вертись – да немного возьмёшь
С постоянных накладок сюжета,
Где сто судеб в одну сведено

В закольцованной ленте кино,
И судьба бесконечная эта
Неразменна, как ломаный грош.

2

Вымерзает по склонам трава,
Бьются листья в бесчувственной дрожи,
С каждым днём достаются дороже
Пониманья простого слова.

Только память ещё и жива
Из последних. Помилуй нас, боже,

Ведь на происходящем, похоже,
Есть недобрый налёт колдовства.

Доигрались, приехали – ша!
Всех-то радостей – заросль бурьяна,
Где запойная в стельку душа

Завываньями вторит баяну
И мерещится солнечный шар
Сквозь пары ледяного тумана.

* * * * * *

1

Такою музыкой морочила
Меня давнишняя зима,
Такие радости пророчила,
Что я совсем сошёл с ума.
Она такое куролесила
В холодном розовом чаду,
Что даже новую звезду
На небе для меня привесила,
И я пошёл – легко и весело,
Не поглядев, куда иду.

2

Но было весело ему
Не знать открывшейся печали,
А звёзды прятались во тьму
И ничего не освещали.

В уме, бог знает почему,
Вертелась глупая острота.
Он понял всё, но оттого-то
И было весело ему.

НА ЛЕТУ

Будоражат чтой-то мысли,
Перемен каких-то ждём...

Это мы с тепла раскисли.
Приморозит – отойдём.

Тут пешочком, там трамваем,
Магазин, работа, врач...

Вот твой мир. Непознаваем.
Хочешь, смейся. Хочешь – плачь.

*****

Раскинешь на картах –
Всё выпивки да интересы,
Умишком раскинешь –
И видишь изъяны в судьбе...
Плешивец Пьеро,
Безымянная жертва прогресса,
На что замахнулся
И что возмечтал о себе?

Ещё собирался
Прожить и полезно, и мудро, –
Иных насмешил, а себя самого утомил.
С обвислых ланит
Осыпается серая пудра,
В глазах отразился
Изломанный внутренний мир.

Но всё-таки дышишь
И числишься где-то при деле,
И малостью этой
Старинная вера жива.
Глядишь на деревья,
Их кроны совсем оскудели
И с грязью смешалась
Давно золотая листва.

По улицам бродишь
С мучительным чувством пропажи,
С мучительной страстью
К невыявленной красоте.
Совсем затерялся
В мистическом сером пейзаже,
Где птицы, как тени,
Летают в сырой пустоте.

Куда ни посмотришь,
Всё пусто, и серо, и сыро,
Лишь тихо слезится
Полоска вечерней зари:
Так тихо, что слышно —
Трещат основания мира,
Того, что снаружи,
А может, того, что внутри.

******

Из переливчатого мрака
На правой стороне холста
Фрагментом — странная собака
Без лап, без брюха, без хвоста
И, кажется, в крови. Напротив
Вполне реальное пятно —
Там кто-то был недавно, но
Ушёл. И ждёт на обороте.
И всё. Темны и жухловаты,
И злы темперные мазки,
И — сверх почти чужой тоски —
Антиквой: ПЯТЫЙ ПРОКУРАТОР.

****

С небес давно ушёл последний свет,
В окне ни зги, и только смутно слышим,
Как валит дождь на яблоневый цвет,
И ходит волнами по гулким крышам,

И по канавам пенятся ручьи,
И ночь кипит, бормочет, суетится,
И одиноко мается в ночи
Душа – большая пуганая птица.

Она опять – который раз – в беде,
И на судьбу как ни пеняй, ни сетуй,
Она больна, и жгучей боли этой
Не остудить ни слову, ни воде.

И я гляжу в сырую пустоту,
Где тянет дождь свои большие сети,
И думаю о том, что жить на свете
Уже почти совсем невмоготу…

18.04.83

******

1

Прохладный запах поздних хризантем,
Рассыпанных под ноги. Глух и нем,
И вечен мир – но что он и на что мне?
Туман внутри сознанья моего,
Туман вокруг, туман взамен всего,
Да скорбь ещё. А больше ничего
Не помню я – и, видимо, не вспомню.

А впрочем, нет – ещё курился ладан,
Свечной огонь оранжевым сердечком
Или тузом оранжевым (пиковым?)
Тянулся с дрожью, словно оторваться
Старался хоть на миг от фитиля,
И был он остриём направлен кверху,
Он означал: удар, удар, удар.
Как будто задавая ритм, старухи
Крестились мелко, и басил священник,
И дьякон что-то тонко привирал:
Он старостью был весь побит, как молью,
И всё вокруг дышало разореньем
И запустеньем старого жилья.

Всё было дряхлым. Лишь воспоминанья
Свежи, свежи.

2

Да разве б так проститься нам пристало?
Какая высь! Какая пустота,
И вместе с тем, какая простота
Всего, что было путанным сначала:
Как пять мгновений, пять длиннейших лет,
Истлевших глаз уже не тронет свет,
И не бегут вдогон земные власти.
Ты знала раньше: невозможно счастье,
Теперь мы знаем, что и смерти нет.

******

Теперь когда пора писать
Про всё чем вся живёт земля
И лёгким козырем плясать
От жирного ноля
Когда прошла пора шутих
И третьих петухов
Пора назад в молочный стих
В котором всё печаль и свет
В последний мир в котором нет
Ни смысла ни грехов

А чем она живёт? Да кровью
А наиграется – любовью
Потом опять срывается с причала
И ну гулять и вкось и вдрызг
Потом – ого ура мирись!
И начинай любовь сначала
Да всё не так да всё во вред
То денег нет то песен нет

Зато уж не скажи что мы бедны в любви
Она у нас в душе она у нас в крови

Моя любовь да вот она
Что хочешь за неё проси
Стакан зелёного вина
Стакан креплёного вина
Да в два конца салатное такси

Пора писать Когда? О чём?
Мы рассудительны и немы
Нас не заманишь калачом
На освещенье крупной темы
На освященье – *время* нет
Да и несовременно право
Стал нынче бдителен поэт
И слишком жидок на расправу

А прежде за свои стихи
Платили (не для рифмы) кровью
И покрывали все грехи
Нерассудительной любовью
Теперь того в помине нет
И времена совсем другие –
Ах это чудо ностальгии
По памяти нездешних лет

За тонкой стенкой нищий скаред
Яичницу на постном масле жарит
Он напевает он беспечен
Он очень милый старичок
Он как мохнатый паучок
Почти неистребимо вечен
– И ваши ветреные фрачки
И ваши кудри ваши бачки –
И лавр зелёный на развес
И лавры сыплются из пачки
Как манна некогда с небес

ФРАГМЕНТЫ

1

Высоко за туманом
Какие-то птицы летят
Большие крикливые птицы
Летят высоко за туманом
И нервный их крик
Расплывается в небе
А птицы летят
И солнце из-за облаков
Истекает молочным отравленным светом

2

Восприятие обострено
Тишина режет слух
Падают листья с ореха
С резким звуком хлопушки
Словно большой и невидимый кто-то
Шастает по деревьям
Ломает листья

3

Деревья лоснятся как жирные карпы
И фальшивая их позолота
Волнует воображение больше
Чем призрак войны или письма апостола Павла
«Глаголющеся быти мудри
Объюродеша»

4

Расползается в клочья туман
Тает крик так и тянет сказать журавлиный
Из врождённой любви к образцам
Падают листья
На полслове ломается строчка александрийского ямба
С непременной цезурой для вдоха
Посередине
Это ритм изменился
Дыхание стало чаще и тяжелей

* * * * * *

Когда сминает остальные чувства,
Накатываясь волнами, тоска,
Жизнь кажется образчиком искусства
Хронографа кровавого. Пока
В трёх сосенках разыгранная драма
Вспухает до значенья мировой,
И маешься средь уличного гама,
Немея от обиды круговой –
Без памяти, без сердца, без гроша,
Ощерясь недописанным куплетом,
Дрожит под хирургическим стилетом
Со страха окаянная душа.
Моя душа, мой чёрный ангелок,
Твоя судьба печальна и превратна.
Как часто я сдавал тебя в залог
И проклинал, и требовал обратно.
То ударяясь в слёзы, то в гульбе
Растрачиваясь с пылу, сдуру, спьяну –

Ах, ангел мой, не слишком ли я рано
Задумываться начал о тебе?
Как грудь полна, как не хватает слов,
Невысказанность хуже всякой муки —
Но что слова, что эти знаки, звуки,
Игра игрой пресыщенных умов?
Из-под надменно возведённых век,
Как мэтр чванливый в читаную книгу,
Глядит поверх голов мой славный век.
Что видит он? — мираж, химеру, фигу.
Он беспощаден к остальным богам,
Сам — бог и разум — что ему другие?
И мысль плывёт в глубокой летаргии
К одной лишь ей известным берегам.

АНТИЧНЫЕ МОТИВЫ

1

В эпоху кухонных дебатов и прений
Супруга лишь цезаря вне подозрений.
Все прочие – жертвы пристрастной молвы.
И в первую очередь цезарь. Увы.

2

Средь яростных криков и злобного гула
Сенатором сделал коня Калигула.

У нас же в искусстве к талантам и лаврам
Открыт беспрепятственный доступ кентаврам.

03.04.86

СЕРЕДИНА ЛЕТА

I

И снова середина лета,
И поезда на юг везут

Красавиц модных, а поэта
Вновь треплет стихотворный зуд.
Он разлюбил былую лень,
Он позабросил наслажденья,
Он всюду тычется, как тень,
И производит наблюденья.
Есть люди разного покроя
На производстве и в быту,
Но настоящего героя,
Конечно, видно за версту.
И рыщет на подходах к теме
Наш обессиленный поэт,
Истрачено впустую время,
Героя нет. И жизни нет.
Вне качеств замысла и строя,
Вне качеств самого стиха
Пуста поэма без героя,
Как брачный стол без жениха.
И вот поэт в смертельной муке,
Он ходит, жизни не любя,
Ругается и даже руки,
Глядишь, наложит на себя.
Какая пытка быть поэтом,
Впадать то в трепет, то в тоску,
Не знать покоя даже летом,
Когда все люди в отпуску.
Когда цветут обильно розы,
Стекает по стволам смола,
И махаоны-бомбовозы
Влекут пудовые тела.
А день стоит горячей глыбой,
Он жрать, и пить, и спать здоров,
И пахнет жареною рыбой
Из окружающих дворов.
Пройдёшься к морю – это благо,
После обеда рыбы спят,

Солёная вся в клочьях влага,
И волны бьются и шипят,
И водяною брызжут пылью,
И тучи ходят стороной,
И чаек медленные крылья
Плывут над самою волной.
Так томно и неторопливо,
Замкнувшись в собственном кругу,
Течёт вода внутри залива
И жизнь на пышном берегу...

II

Гора не сходится с горою,
И в силу этого поэт
Вотще психует без героя,
Герой гуляет, невоспет.
Чёрт с ним. Но стяг литературы
Не половик, не тёплый плед:
Коли попроще нет натуры,
Отважься на автопортрет.
Где все рождаются страданья,
Где все скрещаются пути, —
В потёмки личного сознанья
Свой взор ревнивый обрати.
Туда, где ни цепей, ни масок,
Где разум формы оголил,
Иных не признавая красок,
Помимо сажи и белил.
Где дух иную пишет повесть,
Где жизнь со смертью сплетена,
Где безраздельно правит совесть
(Конечно, если есть она).
И то, что было серой пашней,
Зерном заблещет золотым...
Вперёд — где скольже и опасней,
Где место ворам и святым.

О, это крепь иного сорта,
Иные срезы бытия,
Где всё – добро, где даже чёрта
Ничуть не грешно взять в друзья.
Где рай неотличим от ада, –
Исход один – сгореть в огне,
И грех один: искать награды
И торговаться о цене.
Поэзия, царица магий,
Манит безумного. Она
Белее девственной бумаги,
Черней полночного окна.
Когда осточертеют гимны,
И вечность примет вид шиша,
И станут тягостно взаимны
Пустое тело и душа –
О, блеск спасительной реторты,
Где по законам естества
Ты сплавишь ангела и чёрта
В едином лике божества.
И сквозь разрыв земного круга
Фальцет лотошницы любой
Тебе покажется с испуга
Заветной судною трубой.

. . . .
. . . .
. . . .

И зашумят акаций космы,
И ночь прохладная падёт,
И птичий профиль микрокосма
По сонной улице бредёт.
Он, полон грусти, полон веры,
Бредёт в родное никуда,
Куда ведёт его Венера,
Весьма опасная звезда.

07.84-1.04.31.85

*****

Смешно – не смеюсь,
И печально – не плачу,
И пью в одиночестве я –
За удачу.

11.05.91

EURONEWS

> В Европе холодно, в Италии темно,
> Власть отвратительна...
>
> О. Мандельштам
>
> To be or not to be...
>
> W. Shakespear

1

День состоит из разных оттенков серого,
Небо заполнено тучами, от этого кажется пустым,
Как прижизненный памятник мне
                        под окном качается дерево –
Странно, ибо ветер практически неощутим.
Под деревом огород, где ни полезных растений, ни грядок,

Но меня устраивает порядок
В моей автономии,
Где речи нет об агрономии,
Ибо ни черта не вырастет, как ни потей —
Уж я-то знаю, поверьте.
Лучше недостаток, чем избыток глупых затей —
Ни полива тебе, ни воров,
                     ни детей,
Слава Богу, в капусте.
Вот и сохраняюсь, как письмецо в конверте,
Или тараканья мумия в дусте,
И жизнь выражается в упорном отрицании смерти,
А веселье — в преодолении грусти.

2

В Германии склока, во Франции вовсе война,
В Испании драка — вконец распустилась Европа,
А тут залетейская, можно сказать, тишина,
Да яблочный запах, да ворох сухого укропа,
Да некий вопрос — вот и всё, что осталось от лета.
Слезящийся воздух то сер, то белес или розов —
А если ещё существует вопрос без ответа,
То лишь потому, что немыслима жизнь без вопросов.
Хоть мы и массовка — то в драме сыграем, то в фарсе
На фоне довольно потёртых уже декораций,
Пусть нам никогда не узнать, есть ли пиво на Марсе,
И был ли евреем известный писатель Гораций.
За малое знанье запросят великую цену —
Дадим и её. Потому — невдомёк остолопу,
Что в сей круговерти три вещи всего неизменны:
Печаль, тишина да ворох сухого укропу.

TAGANROG AU MOIS DE NOVEMBRE

1

Я думаю, что Бог велик
Приблизительно так же, как Шарль Азнавур,
Потому что при мысли о том и другом
Я готов одинаково истекать слезами,
То есть, не то чтобы в три ручья,
А приблизительно как свеча.
Похоже, я вновь обретаю способность плакать,
И это нехорошо,
Ибо в моём возрасте это является признаком
Старческого слабодушия,
Входящего, как известно, в комплекс
Старческого слабоумия –
По паспорту человек, а по сути – бродячая мумия.
Вот и ещё одна к моим бессонным заботам –
Как в конце жизни не стать окончательным идиотом?
И в утешение мысль, простая, как плевок или выстрел в упор:
– Опомнись, приятель, а кем же ты был до сих пор?

И без того природой наделён я дурной чувствительностью,
Плакать достойно младенцу, и уж никак не мужчине,
Поэтому, сообразуясь с действительностью,
Буду-ка я продолжать совершенствоваться в матерщине.
А осень между тем разбрасывает повсюду
Серые, золотые и розовые плевки,
Деревья напыжились было, как уличные индюки,
Но ветер сметает с них перья подобно швабре.
Холодно, сыро, грязно – до ярости, до тоски.
Это вам не какой-нибудь там Paris au mois d'août,

Это, дорогой мой, Taganrog au novembre.
Ветер гуляет в городском облысевшем саду,
Время уходит, уходят упоительно географические имена,
Которые для посвящённого уха звучат, как симфония:
Касперовка, Собачеевка, Жидиловка, Богудония.
Время уходит.
        Что ж остаётся?
                Да что и всегда — ни хрена.
Не так уж приятно чувствовать себя дураком,
Прозябая бессменно в провинциальном моём отстойнике —
Серость, да сырость, да скука, да непролазная грязь.
Деревья уже не жильцы, хотя ещё не покойники,
И несколько жёлтых листьев, невыразимо светясь,
Лежат на моём подоконнике —
Звёздным их занесло сквозняком.
Осень, время, когда рвётся очередная безотчётная с миром
связь.
И много ли их осталось?
Сколько бы ни было, всё равно это малая малость.

2

Листья с деревьев срываются и на лету
С лёгким шорохом собираются в стаю
И продолжают полёт,
И стая летит золотая
В сверкающую пустоту.
Ясно, прозрачно, чисто,
Кажется, мир на мгновенье обрёл своё естество —
Лишнего ничего,
Только свет, да прохлада, да ослепительно яркие листья
Кружатся, странный узор в ослепительном небе сплетая,
Листья летят — золотая бесплотная стая.
Правда, собаки портят всё своим неугомонным лаем —
Много их, потому и справиться с ними нелегко.
Здесь пустота да собаки — а где-то там, далеко,

Есть фантастический город Ирушалаим.

Там уж собаки с собаками раз иной не найдешь,

Ибо данные звери там не в большом почёте.

Да там и осени почитай что в помине нет,

А жёлтых листьев так и за деньги нигде не возьмёте.

Так, иногда, случайно

Завалящий какой, да и то цветом ближе к состарившейся латуни.

Впрочем, о сокровенном не стоит ни всуе, ни даже втуне.

Ограничимся упоминанием о немногих собаках,

Которые почему-то на дух не выносят мусульман,

Чем-то те для собак иудейских нечисты?

Закрадывается подозрение, что тамошние собаки по сути скрытые сионисты.

И возникает вопрос – неужели, несмотря на своё четвероногое происхождение,

Собака может иметь политическое убеждение?

Впрочем, как уже отмечалось, политическим они вполне обладают чутьём.

Но я не о собаках, а о чём-то очень важном, своём,

О том сокровенном, о чём подчас и сами себе говорить не желаем,

О чём-то мучительно важном, чему и названья, всего вероятнее, нет.

Однако как там сказал один старинный поэт?

– Если я забуду тебя, Ирушалаим...

Старина – это вечером то, что случилось ещё с утра,

А не вчера

И не в начале незапамятно прошлого века,

Ибо течение времени необратимо,

Чем и хорошо. Тем же и жизнь хороша.

(Интересно, есть ли у собаки душа

В отличие от человека?)

Способность к мышлению – это неприятная,

Хотя и не смертельная вовсе болезнь,

Такая же, как хронический насморк или, извиняюсь, грыжа,

С ней можно долго взрослеть и мучительно быстро стареть.
Когда-то я думал, что умру, если не увижу Парижа.
Теперь не хочу ни видеть Париж, ни умереть.
Ноев ковчег сделан был из акации,
Растущей сегодня под моим таганрогским окном –
Всё в этом мире вверх дном,
И истинный центр западной цивилизации
Находится не на Западе, а на самом что ни на есть Востоке –
Вот вам и корни, и истоки.
Уж довелось и погрызть корешки, и хлебнуть из истока,
И увидеть, что это хорошо, да как-то больно жестоко
Наблюдать превращение человека в человечка,
Когда само имя твоё превращается в наименование –
Много в чём испытываешь разочарование,
Мельчаешь, как Иордан: почитаешь в писаньях – река,
Думаешь – вона как матушка-то широка да, поди, глубока,
А посмотришь – ни дать ни взять деревенская речка,
Которую вброд перейдёт не то что божья овца,
А и простая овечка.
Мученического не выслуживши венца,
Раб некогда божий превращается в просто раба –
Глупое дело.
Эмигрантские будни. Судьба.
Эмигранта может считать предателем только тот,
Чей взгляд либо слеп,
Либо до патологии сужен.
Эмигрант же на деле герой и достоин и ордена, и медали,
Ибо из места, где он никому не нужен,
Он отправляется туда, где его и вовсе не ждали.
Только смелый человек или безнадёжный дурак
Может отважиться на путешествие из пустоты в пустоту.
Это всё равно что, прогуливаясь на мосту,
Взять да и сигануть прямиком в холодную воду.
А что? Каждый на собственный лад представляет себе свободу.
Можно и так.

AMORE MIO

1

Так называемая любовь, описанная во многих видах искусства,
являет собой разновидность неукротимого чувства,
от которого
воспаляются определенные мозговые шишки,
пропадает (или наоборот) аппетит и потеют подмышки,
и человек становится таким зверем, что лучше не трожь его —
ну и, спрашивается, что же в этом хорошего?
Но, говорят, именно ЭТО и правит миром.

2

Ах, не рыдай, душа, ах, сердце, помолчи...
Ночь, влага на стекле и дальние лучи,
И в мыслях кавардак и древняя усталость —
Вот жизненный итог,
На взгляд такая малость.
Но что такое жизнь? Младенческая шалость,
Письмо без адреса со смыслом между строк.

3

Какая тут любовь,
Какие к черту страсти,
Отравленная кровь
Такой не знает власти.
Жизнь прожита до дыр,
До воспаленных век,

На свете новый мир,
На свете новый век.
Он сеятель идей
И утешитель слез —
Серийный лицедей,
Заплечный виртуоз.
Не нытик и не псих,
Он вечно начеку —
Видали мы таких
На нашем на веку.
Любовь какая тут,
Какие к черту страсти —
Жить — непомерный труд,
А умереть — как здрасьте.

4

Жизнь, это телятник
                    в том смысле, что её образуют тела,
Приводимые в движение законом
                    известного физика Брауна,
И притом невозможно понять,
                    где кончается флора и начинается фауна
И откуда растет позвоночник —
                    такие дела.
Всякий, кто дожил хотя бы до сорока,
Не то чтоб старик, но уже несомненно сверхсрочник,
И всякому надо бы жить, и у всякого есть позвоночник, —
Но откуда растет он?
                    Наука ответ не нашла.

Так в поисках истины блошкою скачет душа,
Покуда Матрена с косой не придёт к изголовью,
И кормится мир алкоголем, дерьмом и любовью,
А проку ли в этом?
                    На нынешний взгляд — ни шиша.

*****

Захолустная сказка: тюрьма, огороды, кабак,
Да подгнивший сортир на таком же гнилом косогоре,
Да наивная вера в спасительные чудеса.
Бог не сдал и не спас, и — смеётся и плачет дурак,
И трепещут леса в золотом, но дырявом уборе.

Беззаветный дурак бесполезную службу несёт,
От хлопот тошнота, от раздумий сверленье в затылке,
Бог не сдал и не спас, и из жалости не обнесёт
Благодатью своей из простой поллитровой бутылки.

Наш народный Господь, он такой же, как мы, мужики,
Вовсе не был распят на пригорке чумными жидами,
С нами жил, с нами пил, протрезвел — удавился с тоски —
Да и толку ему, безутешному, мыкаться с нами?

Вот, остались одни. Чем умеем, врачуем тоску,
Как попало, чудим, — да и много ли спросу с проклятых?
Он теперь далеко. Там, где вечно стоит начеку
Римский злой караул в золотых, сплошь порубанных латах.

1998

ПОСВЯЩЕНИЕ МЭТРУ

1

Ещё не блещет зелень всходов
На вымерзших полях страны,
И груды бытовых отходов
Под слоем льда погребены,
Ещё красотки-синоптички
Для нас заклятее врагов,
Ещё не отрывались птички
От эмигрантских берегов, —
Но что-то странное со мною,
Запахло, видимо, весною,
И организм полуживой
Восстал для страсти роковой.

Но что известно нам о власти
Производящей нас на свет,
Бесстыжей, неуемной страсти?
Ответа не было и нет.
Вопрос глубок, а знанье мелко —
К чему придти, с чего начать?
К тому же не седьмая целка
Седьмая страшная печать:
Поди сломай. А что за нею,
В какую въедешь полосу?
А там чем дальше, тем страшнее,
Точь-в-точь, как в дантовом лесу.

2

Учёные всегда молчат,
Когда им задаёшь вопросы,
Смеются, курят папиросы,
А то и вовсе накричат,
А то и насуют по шее —

Они наука, им виднее.
Вообще, учёный мир таков,
Что держит нас за дураков,
И, к слову, не без основанья,
Такая в мире кутерьма.
Проста наука выживанья,
Да много требует ума.

3

Тут вспомним об одном поэте,
Скончавшемся во цвете лет,
Он был старик, мы рядом – дети.
Что за нужда? Он был поэт,
А пишущий всегда в расцвете.
Жил, как умел, писал, как мог,
К сему его направил Бог.
Он не клеймил и не лизал,
И как-то, помнится, сказал:
– Кто устоял в сей жизни трудной,
Тому трубы не страшен Судной
Звук...
        Мысль, пожалуй, не точна,
Хоть остроумна, может статься,
На деле же должно читаться:
– Тому не страшно ни хрена.
4

Давид Самойлович, душа,
Как быстро выдохлась эпоха,
И вам жилось довольно плохо,
И нам не светит ни шиша.
Зачем живём, зачем страдаем,
Копим не деньги, а грехи,
И пишем глупые стихи,
Которых после не читаем?
Кого стихами увлечёшь

На гребне мировой разрухи?
Кто были слепы, стали глухи,
Стихи ж – наивнейшая ложь,
Лазейка, так, на всякий случай.
Мир расшибается в падучей –
И всё ж, и всё ж, и всё ж, и всё ж...

5

И всё ж весна на белом свете,
Гудят станки, родятся дети,
И где-то с кем-то как-то кто-то
Гуляет до седьмого пота.

Копите нежные слова –
Без смысла, но не без значенья,
Нагрянет новая листва,
Вернётся умопомраченье.

Слова, которым нет цены,
Скорей вопросы, чем ответы...
И тут окажется, поэты
Зачем-то всё-таки нужны.

Нужны, как золотые рыбки
В квартирной нашей тесноте,
Как неизбежные ошибки
В непреходящей правоте.

1998

1

– На нелюбви к себе Вселенной не построишь,
Скажи, мой лучший друг, ты многого ли стоишь?
– Да как тебе сказать? – того да и сего,
И третьего, поди. А в сумме – ничего.

Но где-то там, вдали,
Где звёзды – корабли,
Их водит золотой зодиакальный Рак…
– Ты веришь в это?
                                – Да.
                                        – Дурак ты.
                                                – Да, дурак.

2

– В чём дело, товарищ? Так жить не годится,
Для этакой жизни не стоит родиться,
Какая-то хрень тебя вечная мучит,
То мечет тебя, то болтает, то дрючит,
То слепит, а то неожиданно глушит…

– Простите, начало моцартово душит.

3

– То снега, то ручьи, то лучи
упадают на крышу...

– Не кричи, не шепчи, не молчи –
всё равно не услышу.

2005

МОЛИТВА

За деда, за бабу,
За курочку Рябу,
За Родину – в общем, за Сталина,
За всё, что прожито не глупо, не слабо,
И без сожаленья оставлено,

За всё, что устроено между людьми,
Ты думаешь, выпьем?
                              Нет, ляжем костьми
В потешную эту планету.
О, Господи, грешную душу прими...
И примет. Ведь выбора нету.

2005

P. S.

1

Жизнь пробежала, как по дорожке
Чьи-то скрипучие старые дрожки.
Как-то кого-то куда-то везли.
Скрылись. Скорее в пыли, чем вдали.

2

Вот и черны восточных акаций зигзаги
Небо за ними как united nations знамя...
Жизнь моя жизнь, листок полусмятой бумаги
Странными, странными весь испещрен письменами.

Птицы щебечут, машины визжат тормозами,
Где-то за городом степь залегла, а над степью
Белое небо с пустыми, пустыми глазами
Да облака дружной кавалерийскою цепью.

Степь моя степь, валуны, бурьяны да овраги,
У горизонта деревьев туманные купы...
Жизнь моя жизнь, листок полусмятой бумаги.
Тонко писалось, а вышло и грубо и глупо.

2005

NOËL

Не конфетти, не кольца серпантина,
Не барышни в бельгийских кружевах,
А бригадмилы в польтах цвета тины
С повязками на мятых рукавах,
Да темень окружающих дворов,
По крыши заселённых всякой рванью, —
Что присовокупишь к воспоминанью?
Лишь синие фуражки мусоров.
Туальденор из моды вышел ныне,
Но то, что стало серо, было сине,
По радио звучали Бах, Россини,
И было много всякого, того,
К чему сегодня мало интереса, —
Но – славим Бога, а не кроем беса,
На то оно, поди, и Рождество.
Я прожил жизнь, я этот мир прошёл
Кругами вплоть до Ближнего Востока,
Я это делал в поисках истока,
Но вот истока я и не нашёл,
Зато узнал, насколько жизнь жестока.
Узнал – и что? Я всё-таки живу,
Пропитывая душу всякой дрянью,
И снова предаюсь воспоминанью,
В который раз готовясь к Рождеству.

…И были там, конечно, чудеса –
Старинный двор, безумные соседи,
Кромешно голубые небеса,
И белый снег, и бабушкины снеди.
Ах, бабушка, всё было так давно,
И скользанки, и гоцанье на жопе,
И вера в то, что где-то там, в Европе

Большое счастье всем припасено.
Не знали мы – Европы в мире нет,
А мир устроен так своеобразно,
Что в нём нет ничего кроме соблазна,
Всё ж остальное – выдумки и бред.
Но мы пошли – неведомо куда,
Не ведая, зачем мы и откуда,
Ведомые лишь предвкушеньем чуда
И чувством непонятного стыда.

ШЕКСПИРОВСКИЕ ЧТЕНИЯ

1

Не о Гамлете, не о Лаэрте,
Не о мире, прожитом до дыр –
О проделках и прихотях смерти
Рассуждал без оглядки Шекспир.

Цену сути и смысл оболочки
Он поистине чудом постиг,
Превратив летописные строчки
В неподвластный анализу стих.

Этот мир очень странно устроен
На единственнейшей из орбит,
В нём не выживет тот, кто не воин,
Кто же воин – тот будет убит.

Всё безнравственно – страсти, утраты,
И на вечно ненужной войне
Вечно новые гибнут солдаты
Только знать бы, на чьей стороне.

У истории ход, а не почерк,
И когда умирает солдат,
От него остается лишь прочерк
Между двух незначительных дат.

Те отмаялись, те отстрадали,
Но застыл капитан у руля,
И плывёт в межпланетные дали
Голубая могила Земля.

2

Был Гамлет подлец и проныра,
И лжец, и кровавый прохвост,
Стараньями ж батьки Шекспира
Он нами возвышен до звёзд.

Он выправил сущую тьму
Деяний сомнительно славных,
При этом не знал себе равных
По мерзости и по уму.

Сей список жестоких побед
Родил не чухонец, не швед,
Датчанин — но этой ли славы
Искали себе скандинавы?

Да, мир европейский жесток, —
Налей славянину, браток.

3

В подобье всех земных существ —
Те сложны, те просты —
Всяк состоит из двух веществ —
Воды и пустоты.

Но там, где брезжит красота
И капелька стыда,
Там мысль уже не пустота,
Чернила — не вода.

4

Сергею Гузеву

В поэзии можно хоть что-то понять,
В поэтах понять ни черта невозможно,
В них всё сколь неправильно, столь непреложно,
И этого, к счастью, у них не отнять.

5

А ну-ка, пойду-ка примусь за дела,
Покуда дела ещё есть,
Покудова жизнь ни черна, ни бела, —
За что и хвала ей, и честь,

Покуда делишки
Ни добры, ни злы,
И есть чего пить или есть.
Ах, право, людишки
Такие козлы.
За что и хвала им, и честь.

6

При обилии водки, хотя недостатке сыра,
Поднимем, братие, от Вильяма нашего, от Шекспира,
Как честные люди умственного труда —
Поднимем красное нашего знамя стыда.

2006

*****

Дождь подражает звукам,
Душа подражает желаньям,
Тогда как на самом деле плещет вода в пустоте.
К разнообразным скукам
Я одержим привыканьем –
То ли повыдохлась водка, то ли друзья не те.

То ли как ветер в поле –
Слишком уж много воли
Для баламутной куклы, божьего ли раба –
Все расписаны роли,
Мне ж позабыли, что ли,
Вот ведь какая доля, чтоб не сказать судьба.

В яростном поединке
Я не машу кулаками,
Вольный – он также волен и от правды на всей земле,
Баночные сардинки
Не шевелят плавниками,
Плывут, не будь дураками, на дармовом корабле.

Дождь подражает звукам,
Скука – сердечным мукам,
Список подложный долог, не одолеть до конца,
Жизнь, впрочем, не дремлет,
Глазом и ухом внемлет,
И норовит мертвеца выудить на живца.

2006

*****

Начал, кажется, я и здорово жить, и здорово,
Ибо стал поистине мастером
                              непечатного слова.
Это не значит вовсе, что я от руки
Карябаю несусветные всяко стишки, —
Я матерюсь — и вдохновенно, и вслух,
Да так, что у слушателя захватывает дух.
Гну железные я матюки,
Как великан медные прутья,
Ох, братки,
                    погляжу, и крут я —
По крайней мере, на слух.
Дело в том, что по крайней мере
За измену царю и вере
Не был я даже в малой мере
Справедливо приговорен,
Но зато мне выпало счастье
Проживать при советской власти,
В маскараде принять участье
Под железный грохот знамен.
Время, бывшее маскарадом,
Внешне выглядело парадом,
Представляли иных к наградам,
А иные шли на восток —
По своей ли, простите, воле?
Но уж так раздавались роли,
Лицедейская жизнь — неволя,
Лицедейский сухарь — жесток.
Ах, мы, мученики идеи,
Крючкотворы, лжецы, лицедеи,
О высоком и вечном радея,

Проползли, задыхаясь в пыли,
Нам дурная досталась слава,
И вполне заслуженно, право,
Шаг ли влево, нырок ли вправо –
Без команды, конвойный, – пли!
...А проснулись – да батюшки-светы,
Всё на месте, а где ж Советы,
Брешут, что их в Париже видали,
С ними, все в горностаях, крали,
Поезд выдали им заказной,
И смотались они – с казной.
Сказки это, наветы, вздор ли,
Да вот душу, собаки, спёрли.
А была ведь – тонка, легка...
– И давно ль?
                – До царя Панька.

....

Мне умники вконец остохерели.
Я б вешал их на дубе и на ели,
И на осине, также на сосне,
Со всею мне присущей простотою
Я б их пинал дурацкою пятою,
Но это может только быть мечтою,
Идиллией, явившейся во сне.

Мечта, мечта, Великий Инквизитор,
Обласканная, как последний клитор,
Вершитель дум нездешних подзаборий –
Взгляни, кто я? Уж точно не Егорий,
Не мне с копьем болтаться на коне,
Не наказую я, не умерщвляю,
Я ем и пью, при случае гуляю,
И змий не враг, а сотоварищ мне.

Так что ж меня, прошу прощенья, мучат —
Те направляют, эти просто учат,
В том нехорош, а в этом вовсе плох...
— Какая прыть при ловле мелких блох
При полном неуменье (между нами)
Командовать и управлять слонами.

Соратники, скабрезные друзья,
Пусть даже глух, пусть даже голос тих мой,
Но он всегда во всём согласен с рифмой.
Я это он. Он — это просто я.

08.2006

*****

...То есть к страху и стыду
Будем все рыдать в аду,
Как хитиновые твари
В дихлофосовом кошмаре.
Впрочем, надо, значит, надо –
Адаптируемся к аду –
И в страданье с головой –
Что нам, в общем, не впервой.
Наши страхи, наши корни –
Испитые морды дворни,
Частоколы да кресты,
Да собаки, да менты,
Да кавказские народы,
Да сады и огороды,
Донтабак, ещё – Самтрест
Да родной партийный съезд.
Прорастая в толщу дней
Из таких-то, блин, корней,
Вот и вырос дуб могучий –
Вместо корня потрох сучий.
Это взяли, это дали,
Это надо б, да нельзя –
Пролегла в глухие дали
Шоколадная стезя,
Из порубок и нападок
Состоялось вещество...
...Во Вселенной есть порядок –
Вот, добраться б до него.

06.13.2006

*****

Видно, с годами утратилась гибкость души,
Готика приняла форму крестьянского сруба,
Всё, что ни пишешь, выходит и скучно, и грубо,
Так что уж лучше, выходит, совсем не пиши.

Так и выходит, что жизнь потекла стороной,
А возвратиться в неё, понимаете ль, вовсе не просто,
Что же оплачено было безумной ценой? –
Горечь и грусть, и наглеющий призрак погоста.

Можно, конечно, нырнуть с головой в кутерьму
Чудных соблазнов, влекущих тебя, как воронка,
Но замечаешь в себе преображенье в ребёнка,
И понимаешь, что шалости детям совсем ни к чему.

05.2008

A. D.   1999

1. КФАР

Еврей бежит к соседке в гости,
Грызутся шавки из-за кости,
Но без особой, правда, злости,
Дымится кофе на столе,
Религиозный внемлет Богу,
Змея ползёт через дорогу,
Араб кочует на осле,
И жизнь течёт в Святой Земле.

Прошу простить неточность списка,
Неполон он и нехорош, –
Смысл, он всегда не здесь, но близко –
В родной земле – почти описка,
В чужой земле – почти что ложь.

О, Иудейская пустыня,
О, стольный град Ирушалаим! –
Пути, которые поныне
Нам кажется, мы выбираем
И собственной пятой торим –
Но говорят, что в город Рим
Ведут земные все дороги...
Врут. Там живут иные боги.

Но нам ли тех богов судить,
Но нам тягаться ли с богами?
Мы только учимся ходит,
И то сказать – вперёд ногами.
В ногах, известно, правды нет,
Но нет её, пардон, и выше –

Тихонько дождь журчит по крыше,
Мерцает растворённый свет.
Затихли на шестах наседки,
Еврей вернулся от соседки,
Змея сыта – но мышь жива ли?
Темным-темно в моём подвале,
Хоть не задёрнуто окно,
И там, на Севере, темно,
И душно, как в помойной яме –
Свёл да развёл Господь с друзьями...
Ах, дураки мы, дураки.
– Спокойной ночи, мужики.

2. ВПЕЧАТЛЕНИЯ

Холоден, холоден город Ирушалаим,
В лёгких одеждах мы по нему гуляем,
Мы презираем и негу, и лень, и простуду –
Время ушло, чудеса разбросавши повсюду,
Так что прогулка тут – суть приобщение к чуду.

Чудо Господне – но Господа нет и в помине,
Бродит он где-то в своей каменистой пустыне,
Чаще пешком, а случится – верхом на осляти.
Братия смылась. Один пребывает – без братьи.

Красные камни вокруг Иорданской долины.
Козы пасутся, их стерегут бедуины,
Мрачные с виду, одеты довольно невзрачно.
Мрачно живут, оттого-то и выглядят мрачно.

В Бога Живого не верили здесь и не верят,
Был и остался арабской деревней Нацерет,
Так и остался, как пройденный путь за спиною,
Горы и горы его окружили стеною.

Горы да горы, да змеи, ещё – скорпионы.
Римские – в белом – давно разбрелись легионы.
Сколько распалось их – княжеств, и царств, и империй,
Только вот стало ли это для мира потерей?

Холоден, холоден город Ирушалаим,
В лёгких одеждах мы по нему гуляем,
Ибо прогулка всегда приобщение к чуду.
Господа нет здесь. Зато можно встретить Иуду.

1999 – 2002

3. ПРОЗА

ГОРОД

Каждый вечер в пять часов летнего времени над Иудейской пустыней поднимается ветер. Он не приносит ни прохлады, ни облегчения, он то течет ровно, то бьет порывами, он неизменен и постоянен в своём приходе и уходе, как пустыня постоянна и неизменна в своей устойчивости. Он приходит в пять и уходит в девять, он живое свидетельство движения времени по извивам каменного ландшафта, огромность и значимость которого понимаешь не сразу. Обаяние пустыни недоступно для случайного человека, но и вовсе необязательно родиться бедуином, чтобы понять душу пустыни. Для этого достаточно обладать зрением, слухом и любовью к открытому пространству. И ещё – любовью к цвету красной охры. Здесь многое цвета красной охры – и скудная почва, и огромные массы камня – даже трава, высыхая, приобретает красновато-серый оттенок. Не может жить в пустыне человек, который её не любит. Но полюбивший и потерявший её будет с нежностью вспоминать то, что для глаза невнимательного или равнодушного кажется либо уродливым, либо странным. Пустыню любят так же, как летчики любят небо. Но в небе нельзя жить. А жизнь в пустыне сродни полету.

Первое впечатление от Иудейской пустыни для сколько-нибудь европейского взгляда поистине ужасно. Кажущееся хаотическим нагромождение красно-серого камня, валуны, валяющиеся вдоль дороги, проплывающие вдали дома арабской архитектуры – если можно назвать архитектурой большие белые кубы без признаков крыши – всё это вызывает ощущение катастрофы, то ли произошедшей вот-вот, то ли вот-вот надвигающейся. Ощущение тревоги усиливается от огромности видимого пространства, и огромность эта не окрыляет и не подавляет. Это некое третье чувство, понимание которого приходит со временем. Это тревога, рождающаяся от того, что перед тобой находится нечто выходящее за пределы человеческого воображения. Кажется, ты видишь то, чего быть не может. Но ты это видишь, следовательно, это есть. И в это трудно поверить.

Одно из первых впечатлений от пустыни – вечерний ветер, заставляющий вибрировать стенки каравана (ещё одно впечатление), красный отблеск заката, лежащий на всём видимом в окне пространстве, и заоконные детские голоса – французская речь. Французская болтовня марокканских мальчишек и девчонок придавала ситуации характер почти сновидения. Для меня, непосвященного в быт пустыни, были непонятны их действия. Они оживленно перемещались по склону, то и дело приподнимая камни и заглядывая под них – потом я узнал, что эти стервецы отлавливали скорпионов и складывали их в банки – кто больше. Потом я также узнал, что под камнем в пустыне можно обнаружить не только скорпиона. Многое ещё довелось узнать, а узнавши – пережить. Но это было потом. А тогда я вышел на край обрыва и увидел фантастическую картину – спиралевидные каменные волны, залитые ровным красным светом, огромное красное небо над ними. И я понял, что не хочу никуда уезжать отсюда. Что это и есть моё место в этом мире.

Моё жилище не было комфортабельно. Больше того, по ряду причин оно представляло определенную угрозу для моего существования. Сто раз следовало бы его сменить, но я так и не сделал этого. Отчасти из-за врожденной лени, отчасти из-за близости скорбной моей обители к местной пиццерии. При всём отвращении к пицце я регулярно наведывался туда по вечерам. Во-первых, это спасало от одиночества. Спасение было относительным, но некое обстоятельство делало пиццерию для меня одним из самых привлекательных мест на свете. Это был своего рода французский клуб. Трудно, пожалуй, представить себе что-то более экзотичное. Ночь, самое сердце Иудейской пустыни, всё огромно до неизмеримости, и земля, и небо. Где-то далеко внизу шоссе с цепочкой движущихся огней – а за спиной французская речь. Приходишь – Bonsoir, Monsieur. Уходишь – Au revoir, Monsieur. Такое впечатление подчас, что перестаешь понимать и где ты, и кто ты. Bonsoir. Au revoir.

Слово «бедуин» звучит почти как музыка. Вот уж настоящая экзотика в самом её чистом виде. Для людей, выросших на приключенческом кино это то отчаянные воины, то гордые пастухи в странных одеждах. Нынешние ковбойка, джинсы и джип трудно ассоциируются с понятием бедуина. Дважды в день мне приходилось проезжать мимо бедуинского лагеря. Зрелище скорее грустное, чем привлекательное. Пресловутые шатры – конструкции из строительных отбросов, крытые чем-то условно матерчатым. Сумрачные женщины в черном, занятые неторопливой хозяйственной деятельностью. Несомненной реликвией лагеря был верблюд, снаряженный как для киносъемки. Для съемок он и использовался. Проезжающий турист иной раз взбирался на спину кораблю пустыни, чтобы запечатлеть себя на добрую долгую память. Влезть без квалифицированной помощи на верблюда дело непростое – станет верблюд слушать команды посторонних людей, да и не переслушаешь всех, знаете ли. Поэтому при верблюде состоял бедуин, также наряженный в полном соответствии с голливудским каноном. За пять шекелей он приказывал верблюду лечь и водружал фотографируемого в седло. Но когда приходило время спускаться на землю, оказывалось, что эта процедура стоит уже десять шекелей. Не заплатишь – прыгай вниз, если головы не жалко. Потом верблюд-добытчик неожиданно издох, его расседлали и без всякого уважения к заслугам бросили у обочины дороги. Там он и истлевал несколько месяцев у всех на виду под горячим израильским солнцем. Неблагодарны люди.

Верблюд явно тяготился малоподвижной жизнью. Да это и понятно, от недостатка если не свободы, то хотя бы движения не то что верблюд, собака с ума сойдет. Впрочем, бедуин и собака две вещи поистине несовместные. То ли дело верблюд и осел. Или джип - но этот уже почти из разряда старейшин. Зрелище пленного верблюда ужасно. Он, воплощение вечного движения, мрачно стоит у обочины, глядя в землю, или с тоской наблюдает пробегающие мимо него автомобили. Глаза верблюда печальны, как глаза лошади. Но лошадей здесь нет. Да и что делать им в каменистой пустыне, где шоссе переполнено механическим транспортом, а горные тропы непросты даже для коз. Но эти уж поистине виртуозы альпинизма. Однажды проезжая мимо лагеря я не увидел верблюда на его месте. Это было странно. Обычно его уводили в укрытие перед дождем, и это делалось независимо от предсказания синоптиков. Синоптики то и дело ошибались, бедуины – никогда. Верблюд под навесом – быть дождю независимо ни от каких обстоятельств. Может, бедуины само устраивали дождь для поддержания репутации и посрамления науки? Кто знает? Под навесом верблюда не было. Я посмотрел по другую сторону дороги и увидел нечто необыкновенное. Двое бедуинских мальчишек бежали почти наперегонки с верблюдом. И трудно сказать, в ком было больше детского и радостного, в огромном животном или крохотных рядом с ним детях.

Люди ничего не понимают в ослах. Осел – самое свободное, независимое и философски настроенное существо в мире. Даже бедуины ничего не могут поделать с его свободой. Осел уходит из лагеря, когда найдет нужным, и возвращается, когда найдет это разумным. Работает осел по вдохновению. Он является в любой населенный пункт в пределах его, ослиной, досягаемости и делает то, что считает необходимым – ест траву на общественном газоне, валяет кучи на тротуаре, которого и так не хватает для того, чтобы разминуться двум умеренно упитанным евреям (о еврейках уже молчу), топчет цветы –

короче, доставляет окружающим множество неприятностей. Будучи существом философски неприхотливым, он спит там, где его застанет ночь и просыпается там, где в очередной раз наступит утро. И если вы видите осла, стоящего в задумчивости посреди дороги, забитой сигналящими в отчаянии автомобилями — знайте, что перед вами не воплощенное глупое упрямство, как это принято считать по невежеству человеческому, а существо из другого мира, живущее по правилам и законам нам недоступным и непонятным. Но вряд ли следует объявлять непонятное неразумным.

А в Ирушалаим мы ездили пить пиво. Здорово звучит — ездили пить пиво в Ирушалаим. Не то чтобы часто, не то чтобы помногу — так просто ездили иной раз вечером для создания праздника на душе. Ирушалаим это всегда праздник. Странный это город. Сказать, что поражает воображение масштабом или древностью, архитектурным блеском или многолюдием — так нет же. Ничем он не поражает на первый взгляд. Да и на второй тоже. К нему долго надо присматриваться для того, чтобы почувствовать всё возрастающее в душе влечение к нему. Что в нем влечет — остается для меня тайной. Я очень мало бывал в местах, составляющих предмет любопытства туристов и паломников. Там всегда людно и потому скучно. Болтаться бесцельно по боковым его улицам всегда приятно. Можно даже особо и не глядеть по сторонам. Всё равно ничего поражающего воображение. Но осознание простой мысли, что ты идешь по улице города, само имя которого было для тебя именем мечты совершенно недостижимой, превращает рядовую прогулку в ритуальное действо. Что же в этом городе магически неотразимого, за что его любишь, и, полюбив однажды, будешь всю жизнь с благоговением и трепетом отзываться на всякое упоминание о нем? Великий Город.

А пиво в нем обычное, такое же, как и везде.

Воздух в Иудейской пустыне на редкость чистый, отчего видимость в иные дни удивительна. И детали ландшафта, и дома, и автомобили, находящиеся на огромном по городским меркам удалении, вырисовываются с графической четкостью. И вовсе не надо обладать зрением орла, чтобы увидеть нечто находящееся за много километров от тебя. Что касается орлов, то они кружат в небе довольно часто, как самолеты-разведчики. Возможность дальнего обзора создает самые неожиданные эффекты. Есть одна точка, с которой можно наблюдать одновременно Иорданию, Мертвое Море и Ирушалаим. Всем местным жителям она известна, но никому не приходит в голову наведываться к ней и предаваться зрелищу в самом деле необычному. Ну, есть и есть. И никого не удивляет возможность видеть по ночам огни библейского града Иерихона. Ну, виден и виден. Есть заботы и поважнее. А ночное небо над пустыней вовсе не то, что над степью или лесом. Сколько бы оно ни сгущалось, оно никогда не станет ни черным, ни упаси Боже темно-серым. Это ультрамарин, всегда ультрамарин – только разной насыщенности в разные ночи.

В ущелье на самом его дне находится большой колодец. В дождливый сезон, когда подземные воды получают пополнение свыше, этот колодец, сухой совершенно в жаркое время, заполняется влагой. Вместе с водой в него приходят рыбы. Они приходят из-под земли и благополучно живут в колодце до тех пор, пока вода не станет испаряться окончательно под всё более набирающим жар солнцем пустыни. Тогда они возвращаются обратно в землю, откуда так таинственно пришли и где живут в каких-то неведомых озерах и реках своей странной жизнью без тепла и света. Но что их влечет каждую осень наружу? Рыбы тоже обитатели пустыни, как бы странно это ни звучало. Законные обитатели Иудейской пустыни – рыбы. Рядом с колодцем находится небольшой ресторан. Если вы пожелаете, то за соответствующую услуге плату вам изловят чудо-рыбешку и приготовят по какому-нибудь несложному рецепту.

Отношения исконных обитателей пустыни с пришлыми вещь довольно интересная. Если попытаться определить её коротко и поточней, то можно будет сказать, что они стараются не замечать друг друга. По официальной статистике в Индии от укусов змей ежегодно погибает худо-бедно тринадцать тысяч человек. Цифра чудовищная. Если составить школьную пропорцию, то нетрудно высчитать количество вероятных жертв в Иудейской пустыне. Цифра получится большая, тем не менее, к нашему общему счастью, сугубо теоретическая. Отсутствие жертв в условиях постоянного общения людей и змей можно пытаться объяснить разными причинами, но одна из них, пожалуй, заключается в следующем. Израильские змеи, при всей их чудовищной ядовитости, неагрессивны. Змеи притом крайне чувствительны к ощущению потенциальной угрозы. Если они не занимают защитной позиции в отношении израильтян, то можно предположить, что израильтянам тоже не присуща агрессивность. Хотя о ядовитости этого не скажешь.

Каждый день в пять часов пополудни летнего времени в Иудейской пустыне поднимается сильный ветер. Его дыхание тяжело и неровно, оно напоминает агонию – агонию умирающего дня. Отсвет закатного неба красной тоской разливается по необъятному пространству. Закрученные спиралью каменные волны приходят в незаметное движение. Чувствительные к свету, они реагируют немедленно на малейшие изменения в его характере, и перемещение солнца вызывает постоянное изменение рисунка горного рельефа. Волны движутся, не сходя с места. Формы изменяются, оставаясь самими собой. Диск закатного солнца скрывается за краем этого скалистого моря, небо над полосой догорающего багрового заката приобретает ярко-зеленый окрас, потом быстро начинает гаснуть, и не успеют пасть на землю сумерки, как вот уже они стали настоящей темнотой. Море темноты занимает своё место в малой части Вселенной, и над этим морем, высоко и чисто стоят огни великого города Ирушалаима. Кто помнит, когда и кем он был поставлен туда? Нет свидетелей, свидетельства одни. Сколько прошло с тех пор, как встал этот город на своё место, веков, империй, событий? Сколько всего прошло, протекло, миновало? Время вместило всё. И как памятник всем прошедшим, проходящим и тем, кому ещё предстоит придти и пройти, каждый вечер встает над высокою тьмой Иудейской пустыни, над временем встает Вечный Град Ирушалаим. И тогда утихает вечерний ветер, и наступает покой, и в этом покое происходит скрытое от человеческого глаза зарождение нового дня.

ОТ СУКИНА СЫНА ЛУКАВОЕ БЛАГОВЕСТВОВАНИЕ

1. Все вы сдохнете, дорогие соотечественники и соотечественницы, а также чужестранцы и чужестранки – сие есть откровение номер один, явленное мне свыше в пьяном озарении по счету хрен знает каком. Спать.

2. Всякая водка, не воняющая ацетоном, должна быть причтена к
лику водки Абсолют. Ибо Бог один и сие есть Абсолют, и водка одна, разными бывают только этикетки и магазины. Спать.

3. И была водка, и было пиво, и был некий портвейн паскудный, от коего одни памурки да тошнота – день первый. На второй день было то же самое, что было на третий – не помню. Проснулся с разбитой мордой. И посмотрел в зеркало, и увидел, и не сказал бы, что это хорошо. И порылся в карманах, и ничего там не обнаружил. И понял, что сделал это не первым, ибо были уже рывшиеся там прежде меня. О, племя лукавое! Доколе мне пьянствовать с вами? Нет вам прощения и пощады не будет. Спать.

4. Братья и сестры, бойтесь волхвов, пузырь приносящих, ибо сущность диавольская сосредоточена в нем. Говорю не с чужих слов, но по личному опыту. Не уподоблюсь некоторым фарисеям и книжникам, кои судят о винах по этикетке и о женщинах по наружности. Только стремление к сути должно вести нас от наружности к внутренности. Но и не уподоблюсь врачам, кои видят во внутренности только источник страдания. Ибо страданию в норме должно предшествовать удовольствие. Спать.

5. Человек непьющий богопротивен по своему существу. Не может человек быть безгрешен, ибо сие есть претензия на божественность, что есть грех тяжкий по определению. Из двух грехов должно выбирать меньший. Следственно пьянство есть грех во благо, ибо утверждает в человеке человеческое. А сие и Богу приятно. Спать.

6. «Изблюю их из уст Моих», – сказал Господь. Если пьяница уподобляется Господу, – честь ему и хвала. Ибо богоподобие не может быть богопротивно. А негодный продукт подобен негодному человеку. Изблевать и то, и другое – вопрос медицины, а не нравственности. Стремление же к здоровью свойственно природе как таковой. Будем же собожественны и соприродны, братья и сестры. К такой-то матери. Спать.

7. Грешники и грешницы, мерзавцы и мерзавки! Сукины дети, во грехе рожденные! Ни Богу радости от вас, ни лукавому развлечения. Не можете ни путем согрешить, ни с пользой покаяться. Ибо понятия не имеете ни о грехе, ни о пользе. Ни налить путем не умеете, ни поднести с толком. Пьете как свиньи, как собаки закусываете. Так же и сдохнете. Спать.

8. Жизнь, Богом человеку данная, есть прямое подстрекательство к пьянству. Ибо по законам господней справедливости всякому огорчению своё утешение сопутствует. Огромно число огорчений человеческих, выбор утешения мал. И не всякому огорчению своё утешение есть. В том и секрет господней мудрости, что на тысячу наших вопросов у него ответ единственный. Утешьте душу, паскудники, и телу покой придёт. Врачам ли доверитесь, хилые и немощные? В магазин дорога ваша. К продавцу, а не к лекарю. С вечера радователь он ваш, утешитель с утра сочувственный. До утра, однако, дожить бы. Спать.

9. О святости ли вам помышлять, пузыри недоделанные? Грешить хотя бы научитесь по совести. По разуму научитесь грешить. Человек выпивающий боголюбив, ибо не страсть пагубная водит им, но стремление к истине. Что же есть истина в мире сем, дорогие мои собутыльники? Не устами Пилата богомерзкого вопрошаю вас, но пытаю духом вас, духом, суть которого в крепости. Крепость же бывает до сорока и выше. Чем выше крепость, тем истинней продукт. Не соблазняйтесь путями легкими, легкими винами не давайте себя обольстить. Примем на грудь – стакан за стаканом – тяжесть мира сего, очистим сим приятием душу для восприятия истины высшей. Очищение кишечника также полезно. Спать.

10. Что есть страсть в мире сем, дорогие мои соразвратники и пуще того соразвратницы любезные сердцу мои? Страсть есть забвение цены удовольствия. Человек же выпивающий идёт путем не страсти, но разума, ибо всегда помнит главное правило жизни. Обозначим его так – радость вечерняя есть источник печали утренней. Выпивая с вечера, человек умудренный знает, что проснется неизбежно с тяжелой головой и печальными мыслями. Но радостно идёт он навстречу суровой неизбежности. Ибо сказано – во многом знании много печали. Следственно справедливо и обратное. И умножение печали утренней происходит от умножения тайного знания, а тяжесть в голове есть следствие обилия мыслей о сокровенном, то есть скрытом от человека непьющего завесой трезвости. Восхождение к мудрости же и есть раздвигание завес. Выпивая – умудряемся. Спать.

11.Сказано в Писании – посмотрите на птиц небесных. Что смотреть на них, братья и сестры мои недотыканные? Для понятия сокровенной истины, засранцы. А истина заключается в том, пьяные вы мои, что птица есть символ, тогда как вы есть дерьмо. Никто не скажет – посмотрите, братие, на пьяную образину. Что на неё смотреть? Одно отвращение от жизни. Но и пьянство от жизни тоже, мерзкие вы мои рожи. Не было бы жизни, и пьянства не было бы. Поелику пьем – живем. И обратно. И хрен с ним. Спать.

4. СТИХИ ПОСЛЕДНИХ ЛЕТ

À LA BAUDELAIRE

Что-то творится
В небесной зашторенной бездне
В воздухе сеется
Что-то – ни пыль ни вода
Осень как выход
Из долгой и трудной болезни
В никуда

Много ли смысла
В простом и ненужном пейзаже
Низкие тучи
Как сгустки спрессованной сажи
Кот шелудивый
Как грязная чёрная птица
В тщетной надежде
В соседское бьётся окно
Утро ли вечер –
А впрочем не всё ли равно –
Куда торопиться?

Слякоть да морось
И что уж и вовсе негоже –
В каждом прохожем
Мерещится скрытый бандит
Ветер крепчает
А дождик нудит и нудит
Всё это до странности
На сновиденье похоже

06.11.2018

ПЕРЕСАДКА В КОПЕНГАГЕНЕ

1

Не Гамлет в беретике полубогемном,
Потерянный в сумеречном пейзаже,
Таком дорогом и таком иноземном,
Что словом, поди, не выразить даже,

Не ушлые стервы, не тонкие мысли,
Не войско широко развёрнутым фронтом,
Не это волнует, — но тучи зависли
Не над головою, так над горизонтом.

Ненастья, которые то ль миновали,
А то ли готовятся к новым атакам —
Возможно ли в том разобраться? Едва ли.
Но ведь времена и похуже бывали,
Да память о них неизвестно, жива ли,
А мы, вопреки историческим вракам,

Пророчествам судным, научным открытьям,
Подобно животным, приросшим к поклаже,
Бредем помаленьку, и кажется даже
Готовимся к новым великим событьям.

Так нам ли к лицу ли стыдливость девичья,
Так будем же мы хоть чуть-чуть откровенны —
Какие там к чёрту, пардон, перемены,
Какое там в жопу, простите, величье?

 24.10.2010

2

Какая жестокая кроется ложь,
А может, и истина редкого свойства
В умении автора видеть геройство
Там, где лихоимство и рядом, и сплошь.

Есть в мерзости редкостное обаянье, –
Попробуй, учёный, его опиши, –
И мы наблюдаем с восторгом души,
Как дрянь расправляется с большею дрянью.

Никто никого не съедает живьём,
И зрители тоже совсем не жестоки.
Ну разве немножко – а крови потоки,
Так это известный в искусстве приём.

Всё так хорошо – до предела, до срока,
И чувства прекрасны, и слёзы чисты,
Пока обаятельный образ порока
Не принял на деле иные черты.

28.03.08

СТО ПЯТЬДЕСЯТ В ОРКЕСТР

Отрадней спать, отрадней камнем быть.

Микеланджело

Освободился от житейских оков
И пут
То есть отжил, отмаялся и был таков
Плут
Немец сказал бы что бедняжке капут –
Но не тут-
То было
Ибо человек что твое хозяйственное мыло
Скользнул сюда да отсюда
И вовсе это не чудо
А плутовской извиняюсь номер
Ибо про того кто лишь притворялся что жил
Можно сказать одно: сделал паршивец вид что помер
Просто – сменил среду необитания
Ни сердцу будучи ни уму
А потому
Неуместны тут вопли и причитания
И место печали находится в месте другом
Эх долбанная страна Кафтания
Не утюгом ее так сапогом
И все-то ради то интер- то национальной идеи
И если не мошенники
То обязательно прохиндеи

От этой ласки народы
И так бывшие нехороши
И в смысле тела и в плане души
И вовсе стали уроды
Обмельчали

И одичали
Мутанты
А ведь живали меж них и гиганты
И водочку закусывали пирогом
Да затерялись вишь
В измереньи как сообщают другом
Тот в Лондон знаете ли этот и вовсе в Париж
А нашему брату пролетарию
Хоть бы в Катманду или какую-нибудь Мавританию
Так шиш
А бедному художнику или поэту
Так прямо с моста
И кверху жопой в Лету
А тех-то – бывших не надуешь не проведешь
Не испугаешь видом заразы
Те сами кому хошь
Скрутят вязы

Народы же из поколения в поколение
Ищут пути радикального исцеления
Не уточняя при этом от какой болячки
Самые же разумные предусмотрительно пребывают в спячке
Ссылаясь при этом на некоего ватиканского гуманиста
Прожившего жизнь то ли здорово то ли говнисто
Разные собственно ходят слухи
Да так густо что только и береги ухи
Которые у нас таперича растут взаместо ушей
После того как грамоту вытолкали взашей
Жизнь же по иностранному преставлению
Есть не полноценное природное явление
А всего лишь малая толика смерти
Сметливы были прости Господи черти
Черти сообразительны а люди злы
А в одном фильме сказано что и вовсе козлы
Но что есть искусство? Вечный сон наяву
Чем дальше живу
Тем жестче обозначаются внутренние углы

Отжил отмаялся впрочем был ли таков
Выражаясь приличным языком моряков
Трудно отдать концы
Не поняв откуда растут начала
Метил на корабль философов
А попал на корабль дураков
Видимо перепутал номер причала

02.2011

ФОТО ЛЕОНИДА ГРИГОРЬЯНА

Он ведь разве что с виду мякина,
Да устроен довольно хитро,
И язвительный нрав Арлекина
Прикрывается маской Пьеро.

Не затем, чтобы всё шито-крыто,
А затем что во все времена
От мирского простая защита
Мирянину как воздух нужна.

А поэт – не лентяй, так проныра
Без ума, без надежд, без гроша
И без совести – пишется лира,
А читается криво – душа.

Всё он криво и видит, и слышит,
И во всём и всегда нехорош,
И тому, что он нехотя пишет,
Веры нет и на ломаный грош.

Всё-то в нём и излом, и инакость,
И талант вылетает в трубу –
Ах, проклятая эта двоякость
Не одну изломала судьбу.

Нет покоя ни в мире, ни в доме,
Полоса, полоса, полоса...
Мир – излом. Но на этом изломе
И свершаются все чудеса.

02.06.10

ПОВОРОТ НА ОСЕНЬ

Тут сверху что-то наподдало
И сей же час захолодало
И стало дуть во все концы,
И деревенские жильцы
Свои сменили кацавейки
На польта, даже на шубейки,
И лишь бездомные коты
Являли образ наготы —
Не то чтоб этим заявляли
Протест — а попросту являли.

Дымилось небо мутью серой,
Питаем православной верой,
Народ на лавочках сидел
И в небо нехотя глядел
С мечтой о быте и о хлебе —
Но нужных благ не видел в небе.
Не видел просто оттого,
Что в небе нету ничего
Окроме воздуха и гари
И бесполезной всякой твари.

Но тут и спать пришла пора:
Кому гнездо, кому нора,
Кому канава под забором.
… Гордился лес своим убором
И растекались ковыли
До самых краешков Земли,
Корова шалая мычала —
И это было лишь начало.

09.09.2010

СЕРГЕЮ ГУЗЕВУ

Осень в деревне не шутка, мой питерский друг,
Мир утопает в унынии и красоте,
В воздухе пусто — осы, как видно, и те
Улетели на юг.

Как-то тревожно, осень не сахар, однако,
Тут недалече до сумерек и до тоски,
Ветер порывистый, звонкий и злой как собака
Рвет пейзаж на куски.

Что-то неладное кроется в ярком пейзаже,
В диких цветах и цветов лихорадочных плясках,
Скоро, похоже, забудем надолго о красках,
Вспомним о белилах и саже.

ВСЕМИРНАЯ ИСТОРИЯ

Ужасен Тацит без Плутарха
И пуст без Тацита Плутарх.

Леонид Григорьян

Как можно верить анекдоту –
Что Тациту, что Геродоту,
Что И.В. Сталину, к примеру –
Историк, ври, да знай же меру.

Но так устроен этот свет,
Что просит сказки и химеры,
Пять чувств известны. Чувства меры
Меж ними не было и нет.

Повсюду кровь повсюду драки,
Повсюду вонь и кутерьма
И воспитательные враки
Для размягчения ума.

8.17.2012

В КОНЦЕ ПЯТИДЕСЯТЫХ

В ту пору было много интересного,
Союзного, районного и местного,
Прогресс во все внедрялся направленья,
Во всём хозяйстве шло восстановленье,
Как после скарлатины исцеленье,
Но денег было всё-таки в обрез,
И поневоле к жизни населенье
Питало бескорыстный интерес:
Ведь сколь себя под Лениным ни чисти,
Нет денег – нет мотива для корысти.
Продолжить можно достижений список –
От космоса до тощих барбарисок.
О космосе особый разговор:
В погожий вечер весь шумливый двор
От первой и до утренней звезды
Искал в пространстве спутника следы.
Никто его не видел, словно Бога,
Но разговоров тоже было много.
Сказать по правде, жизнь была дерьмо,
Но несравненным было эскимо
И обаянье собственного детства –
Ни скуки, ни хандры, ни самоедства,
И чувство справедливости остро,
Как вера в то, что в мире есть добро.
О это счастье безграничной веры,
Не знающей ни умысла, ни меры,
Происходящей из самой себя
Подобно окружающей Вселенной,
О этот мир, беспечный и нетленный,
Где должно жить лишь только жизнь любя.
И кто хлебнул отравной этой сласти,
Навек в её неодолимой власти,
И ищет там и сям её следы
В отчаянье, без устали, без срока –

Увы, увы, пустейшая морока:
Ни спутника, ни Бога, ни звезды.

27.05.2011

*****

Весна чудное время года, не так ли? —
Когда под аккомпанемент котов, собак и ворон
Разыгрывается подобие вечного музыкального спектакля
Под названием *хорошо темперированный тестостерон.*
В общем, не жизнь, а Песнь, натурально, Песней.
Впрочем, раньше это казалось и красивее, и интересней,
Вроде бы та же земля
И всё те же небесные своды
Вроде всё то же, бля,
Но годы, знаете ль, годы...
На всём лежит их печать,
И тут уж, как говорится,
Научишься и про себя молчать,
И вслух материться.

Бабка наша повивальная,
Скукота провинциальная,
И как свежий ветерок –
Матерок.
Тут хоть грязный перст соси,
Хоть кричи на помощь чудо,
Коль родился на Руси,
Будешь русичем, паскуда.
Будешь долго гнить во власти
Вечно властного говна,
А от умственной напасти
Есть одно спасенье – страсти,
В смысле вечная весна.

Всё было бы хорошо, да всё не хватает какой-то малости
Среди истязающих тебя впечатлений,
Какие тут к черту шалости,
Свыкаешься с мучительным чувством усталости
И от радостей, и от сожалений,
От всего, что было и ненужно, и дорого,

Врут, что о двух концах житейская палка,
Иначе б откуда столько на кладбище мертвецов?
Отучаешься отличать правду от лжи и друга от ворога,
А этого-то в конце концов
Особенно жалко.

ВЕЧЕР ПРАЗДНИКА

1

Днём пекло сверх всяких сил,
К ночи дождь заморосил.
Где-то лаяли собаки,
Где-то вздорили коты,
Спали чуткие цветы,
Звёзды прятались во мраке,
И из этой темноты,
Изначальной пустоты,
Грань прейдя добра и зла,
Жизнь привычная росла.
Впрочем, позабыв, что сталось,
Не росла – скорей срасталась.
Лужи булькали невнятно,
Было сонно и приятно,
И курортною тоской
Отзывался плеск морской.
Мат иссяк, устали пьянство,
Благородство и засранство,
И безвидное пространство,
Выжив трудною ценой,
Зарастало тишиной.

19. 06. 2011

2

Среди живых и неживых,
Среди трагедий бытовых
И впечатляющих комедий,
Героев, сволочей, соседей,
Меж коими различья нет,

Поскольку нет его в помине,
Среди блаженных и ворья,
Которых ныне до хуя
(Хотел сказать, в избытке ныне),
Жил гражданин. Он был поэт,
Метался, ныл, вопил в пустыне,
На волю рвался из тенет.
Дурил, вопил, на волю рвался,
Не вырвался, зато нарвался,
К себе вниманье привлекая.
Что тут сказать? Судьба такая,
Тем тумаки, тем калачи…
Покоя хочешь? Не кричи.

3

Жизнь пекло, а люди дрова –
Как жалко, что мысль не нова.

Какая-то в сердце наблюдается всё же возня –
То ль космополитизм, то ли любовь к отчизне,
Хотя, в конечном счете, и то, и другое херня –
Главное это ощущение так называемой жизни.
Но воспринимай ее радостно или угрюмо,
Будь ты полный болван или конченый гений,
Жизнь это всего лишь сумма
Ничего не значащих впечатлений.
Как и то, что ты был поневоле зачат,
Тоже ничего ровным счётом не значит.

4

ARS POETICA

Кому живется, тот живёт,
Живёт как может, как живётся,
Кто может пить, тот просто пьёт,
А что поделать, если пьётся?
А если уж кому поётся,
Тот и не хочет, а поёт.

                    8. 07. 11

*****

Вот, наконец, золотая кончается сказка,
В воздухе сумрачно, холодно, сыро и вязко,
Где-то в тумане скитается тощий Пегаска,
Перебиваясь следами былой красоты.

Как ни посмотришь, везде ощущенье разрухи,
Распространяют синоптики страшные слухи,
На огороде со скуки бранятся старухи,
И за забором сражаются насмерть коты.

Птицы летят в направленье, указанном свыше,
Низко стоят не вполне различимые крыши,
Серые люди шныряют в потемках как мыши,
И путеводные тускло мерцают огни —

Ясен сюжет, наперёд несомненна развязка —
Было лицо, а осталась предсмертная маска.
Быстро, увы, золотая кончается краска,
Быстро, увы, золотые проносятся дни.

18.10.11

КРАЙ РОДНОЙ

Здесь жить привольно и приятно,
В степь выйдешь, поглядишь окрест,
И пропадает невозвратно
Охота к перемене мест.
Здесь жизнь вполне подобна раю,
Здесь что ни хата, то и с краю,
Здесь тёплым берегом реки
Стадами бродят дончаки —
Не жеребцы, но казаки,
Являя яркие примеры
Ортодоксальной русской веры.
Не соблазнятся на иную,
Нацмелким шашкою грозя,
И в храм — чтоб не сказать в пивную —
Неизлечимая стезя
Влечёт их силою привычки.
Их спутать с прочими нельзя,
У них есть верные отлички —
Мундиры, выпушки, петлички,
Погоны, коим грош цена,
И жестяные ордена.
Ещё отличия казачьи —
Глаза, усы и мысли рачьи.

Душа мираж, а тело бренно
И суть имущество царя,
И дело пахнет откровенно
Опять девятым января.

23. 08. 2011

*****

Как в ереси погрязший в Таганроге
На берегу цветущих сточных вод
Не выбравший единственной дороги
Земной жилец небесный пешеход
Побочный сын искусства и науки
Не вникший ни в какое ремесло
Не умерший от грусти и от скуки
Лишь оттого что время не пришло
Тебе открыты – видят боги –
И все возможные дороги
И все возможные пути –
Вот только некуда идти

06 . 2012

*****

Когда устанешь от житейской скуки,
Точней сказать, когда всё надоест,
Не то чтоб на себя наложишь руки,
Но хуже – даже в перемене мест

Не видишь смысла – может быть, затем
Что нет его ни в чём на самом деле,
И пребыванье в этом скудном теле
Уже всё меньше предлагает тем

Для творчества – какая пустота
Тебя порой накроет, правый Боже,
Куда деваться? Накропай сонет,

В нем тоже, вероятно, смысла нет,
Как, может быть, и не было, и всё же
Вдруг промелькнёт, как искра, красота.

Без умысла, без пафоса, без фальши.
Пусть даже так. Но что с ней делать дальше?

05. 2011

ЛЕТНИЕ ВОСПОМИНАНИЯ

Тело зудит
Из души испаряется влага
Мысль безразлична
И чувство не слишком остро
И не помощник
Былая подружка бумага
И не товарищ
Родное когда-то перо
Плюнуть на всё
И как прежде бежать без оглядки
Вспомнив былые –
Как их назовёшь? – времена
Если б не знать
Что судьба не прощает повадки
Если б не знать
Что у бегства есть тоже цена
Мелкие радости
Мелкие ссоры да стычки
Эх развернуться бы
Господи дурня прости
Нам бы хватило
Простой балабановской спички
Чтоб мировой –

И не меньше – пожар развести
Но не сказать
Что мы духом смиренны и слабы
Или пружины
Ослаб пролетарский завод
Просто не те у нас
К счастью сегодня масштабы
Просто не тот у нас
Перечень важных забот
Впрочем всё это
Метафоры образы шутки
Может и так оно
Может и наоборот
Жарко у нас –
Сон да обморок круглые сутки
Заняты делом
Разбойники да проститутки
Труб заводских
Утомлённо дымят самокрутки
На мерседесах
Носатые реют ублюдки
И на базаре
Толпится великий народ

09.06.2012

ЭТЮД

Мужик на мерсе, сопляк на скутере,
Мысли перепутаны как провода при компьютере,
Жара, оплавляющая
Образы, ощущения, звуки,
Приезжие отдыхающие,
Чокнутые от скуки,
Жидкой толпою –
К пляжному водопою,
Туда же и местное население.
В брюхе томление,
В глазах слюда,
Девочка на шаркающем лисапете
По переулку туда-сюда...
Лето ли, воспоминанье о предстоящем лете?

*****

Осень так осень – вот и листья неслышно редеют,
Эти желтеют, другие томительно рдеют,
Но отцветут и опять опадут, обессилены,
И обнажатся ветвей мозговые извилины.

Скоро утонем опять в непогоде да в темени,
Поздний рассвет, серый дождик да сумерки ранние,
С каждым рассветом всё меньше наличного времени –
Осень, ведь это как будто с собой расставание.

В сердце растрава, а в тощих мозгах околесица,
Ибо несносно им мучиться двойственной мукою –
Можно, поди, и в Париже со скуки повеситься,
И в Таганроге смириться со смертною скукою.

Мир, он велик, – да всё это придумала мафия
Псевдоучёных – все эти понятия строгие,
Между наук нам вреднее всего география,
Может быть даже опаснее, чем психология.

...Раннее утро – почти без сомненья морозное,
Диких котов за окном серенада истошная,
Страшная так, что вибрирует область подвздошная...
Осенью жить – без сомнения дело серьёзное.

ОСНОВЫ ПОЛИТКОРРЕКТНОСТИ

1. НА ЗЛОБУ ДНЯ

Второй Спасителя приход
Или Антихриста явленье —
Народ, конечно, разберёт,
В каком — вот только — поколенье.

А ныне толки, споры, речи,
Пророчеств свежие тома,
Бушуют страсти человечьи
За гранью дури и ума:

— Вот-вот нагрянет день последний,
Обратно время потечёт,
И нострадамусовой бредне
Опять и вера, и почёт.

Что тут попишешь? Мир таков,
Что скроен грубо и несложно,
И очень любит дураков
За то, что их дурачить можно.

07.2010

2. ОБЩЕЕ ПОЛОЖЕНИЕ

За буи не заплывать

Инструкция

У всех система мер своя,
Просил бы не понять превратно, —
Простора в мире до буя
И ровно столько же обратно.

07.2010

3. ПРО ПОЛИТИКУ

На мой непросвещённый взгляд,
И Ленин гад, и Сталин гад,
И если вдуматься, похоже,
Что остальные гады тоже.

08.2010

4. СОЦИОЛОГИЯ

Не псих, не урод,
А великий народ:
Волки позорные
Да их поднадзорные.

08.2010

5. ПОЛИТПРОГНОЗ

В испуге мечется народ,
Слезой надежды истекая,
А рядом корчатся умы
Под властью вечно властной тьмы,
И власть весьма банально врёт,
На перемены намекая,
Но как не пёрло, так не прёт,
И кто их к чёрту разберёт?
– Эпоха времени такая.

09.2010

ПУСТЯКИ

1

Попугай это птица залётная,
А не какая-нибудь перелётная,
Мог бы себе сидеть на ветке
И клевать вороньи объедки,
Переживая и скуку, и темь, и дождь,
Но умён же, засранец,
Что твой партийный вождь,
И жизнь его – чисто партийный глянец.
Живёт предпочтительно своим умом,
Полагая людей просто чмом,
Какого во Вселенной отыщется мало,
И в этом для него нет вопроса,
И верует он не в мистические концы и начала,
А исключительно в лущёное просо.
Потому и обретается в холе,
А не на так называемой воле
Среди берёз, ёлок, палок и развесистых мхов,
Такая вот жизнь у него,
а не какая-нибудь другая,
Короче – сколько ни корми попугая,
Не дождёшься от него ни прозы, ни, короче, стихов.
Почитывает газетки,
Поклёвывает конфетки
С ромом,
Пока полночное небо исходит праздничным
артиллерийским громом,
Торжествуя именины
Коли, Маши, Пети, Зины,
А также Маргариты Лакедемоновны Свинец,
Хотевшей, да так и не попавшей под венец,
И оставшейся для всех гражданской вдовой Яши Воровского,
Жившего в районе то ли Мелентьева, то ли Покровского.
Грохнули болезного из винтаря,

Думали, за дело, а выяснилось – зазря.
Такая вот буффонада –
А впрочем, кому это надо?
Хотя и не только это.
С четырех сторон на меня напирают четыре стороны света,
Грозя превратить в подобие незаточенного карандаша,
Тело терзается и претерпевает душа.
... Бедный, бедный Яшик –
Жил себе жил, да и сыграл в ящик
Подобно прочему чму.
И кому это надо?
Абсолютно, пардон, никому.
Не кроя небесной тверди
Попугай сидит на жерди,
Он, как его ни шугай,
Убеждённый попугай.
Гром гремит, гуляют гости,
Киснет Яша на погосте
И уже не ждёт гостей –
Нет у Яши оболочки.
Попугай надел очёчки,
Мучим жаждой новостей,
Он не тычется в газету,
Что ему газетный лист?
Современный прогрессист
Припадает к Интернету.

12.03.2009

2

Как во Таганрогах,
В Таганрогах солучилася беда…

Ныне пришли в искусство
Хреновые времена.
Нету имён. Нету.
А было ведь до хрена.
И то ведь сказать какие, такие, что будь здоров —
Иванов, или вот — Сидоров, или, вымолвить страшно, Петров.
И поскреби хорошенько, небось, наскребёшь до тыщи,
Не таланты, а вовсе талантищи,
Не умы, а просто умищи.
И каждый из них о-го-го,
Неважно, хорош ли, плох ли.
Попробуй всех перечисли.
Ну и где же все они?
Сдохли —
В хорошем, разумеется, смысле.
Как держалися друг за друга,
Так дружно и свалили с круга.
Раньше ведь как бывало — сядешь, раскроешь газету,
А там на каждой странице по признанному поэту.
Сидят, как попугаи на жерди —
Да уж, ловки были черти.
А рожи-то, а ведь рожи,
Габардиновые пальто!
Нынешние вроде то же.
А всё же
Не те.
Не то.
Да и народ охладел к печатному ныне слову,
Слову, для сердца и уха
Нежному и приятному.

Какая-то его всё же, (народ) – укусила муха –
Много в нем стало злого,
Свободой, видать, задушен.
К слову неравнодушен,
Но, в основном, к непечатному.
В бедах двадцатого века
Всё ж ухитрился сберечь его
Для составленья, видно, очередного пакта.
Грустно, однако, как-то,
Жрать неохота, а почитать нечего.
Голод.
А может быть вся беда в том,
Что с годами становится всякий шутом,
Особенно тот, кто перестаёт быть молод,
И зыркает из-под шор
Полутрофейная кляча,
И чудится всюду ей
Обида и недостача.
А тут и весна уже строит
Боевые кошачьи порядки,
И неотвратимо уже
Зазеленели на грядке
Пока ещё не понять
Чертополох ли, укроп ли,
Но с неба сочатся уже
То ли слёзы, а то ли сопли –
Да всё в основном за шиворот.
Зато жизнь изменилась –
Была набекрень, а стала навыворот.
Полуистлевшие сказки
Выползли из ремонта,
Запах ружейной смазки
Растёкся до горизонта.

...Вот, так вот себе и живу,
Не в сказке и не наяву –
Да кто их и различал бы –

Другой суетился, кричал бы
Если не караул, то хотя бы ау,
А я ничего, живу.
Не волк и не красная шапочка,
И не Аника-воин,
И не то чтобы как-то спокоен –
Просто соплю себе молча в тряпочку.

25.03 – 21.05. 2009

3

Да уж не попугаи
Серые воробьи:
Внешность у них другая,
Шкурка недорогая,
В общем-то, мелюзга – и
Как бы сказать, свои.
Вдуматься, чисто дети,
Так вот и лезут в сети,
Даром что хамоваты,
А ко всему вороваты,
Но и такие нужны
В беспокойном хозяйстве страны.

От старожила:

Страна есть такое пустое пространство,
Где правят разбой, лихоимство и чванство,
Где разве что мерой бесстыдства и дури
Просчитывается принадлежность к культуре,
И где святотатцы, хоть плюй им в глаза,
Чисты перед верой, как Божья слеза.

Далее:

Сырость ползёт густая,
Листьев пугливый шорох,
Листьев летела стая,
А приземлился ворох.
Рано стало смеркаться,
Асфальт затянуло грязью,
Тёмные ветви акаций
Пишут восточной вязью
В небе простом и сером
Вечные письмена:
У тех, кто верил химерам,
Будет душа больна.

Помню, была весна —
Ну так и где она?

24.11.09

4

Если б я был японцем,
То ходил бы во фраке и котелке
И при этом восточною тайною был бы овеян,
И по утрам пил бы
подогретое гейшей саке,
А не леденящий душу портвейн.
Ездил бы на автомобиле,
Везде поспевая к сроку,
И писал бы не дурные поэмы, а сладкозвучные хокку, —
В ложнорусском, разумеется, стиле.

К примеру:

У попа был поросёнок,

Из буфета крал халву,
Негодяя закололи
Натурально к Рождеству.

Тут и японец поймёт без труда,
Что халва есть национальная для русских еда.
На узкий японский взгляд, может, оно и не больно складно,
Но зато справедливо и жизненно. И наглядно.
Вообще же, в этой жизни всяк сам изобретает себе мороку –
Кто госслужбу, кто триппер,
а кто, извиняюсь, хокку.
Вот тебе и вся жизнь в её изгибах и поворотах.
Впрочем, в этом нет сколько-нибудь особенной тайны.
Как там было начертано на гостеприимных воротах? –
Jedem das Seine.

А когда я сойду с ума
Я объявлю себя японской женщиной проживавшей в Америке
И явившейся (как теперь по причине косноязычия говорят)
Родоначальницей некоего смутного боди-арта
Поверят или не поверят мне – это уже как ляжет карта
Но поскольку я буду уже чокнутым мне и это покажется всё
равно
Равно как и то создам я шедевр или произведу очередное
говно
Потом я сделаю про всё это цветное кино
И сниму просмотровый зал на десятка полтора попугаев
Потому что они сплошь выходцы из Марокко или Бразилии
(Точь-в-точь как нынешние евреи)
И ни черта ни смыслят ни в японской традиции ни в японской
каллиграфии
Благодарнее зрителя мне тогда не найти

Но если они понимают речь независимо от языка
Мне придётся признаться
Что при рождении я свалял дурака

14.12.09

РОССИЯ ЕДИНАЯ

1

Сам себя обрекая на крестные муки,
То бесчинствует люто, то дохнет со скуки
В череде испытаний и чересполосиц
Самопровозглашённый народ-богоносец.
– И выходит, мой друг-патриот, что народы
На поверку не так уж мудры от природы

2

Как бы ты ни был
И нищ и жалок,
Приятно чувствовать себя
Среди великороссов
В державе палок,
Мусорников и свалок,
Среди таких же, как ты,
Мягко сказать,
Отбросов.

3

В нашей с катушек слетевшей обители
Важные люди её предводители.
Плохо, что в этом бесстыдстве и гаме
Люди для них что трава под ногами.
Плохо, однако, скажи мне, дураче,
Разве когда-нибудь было иначе?

04.07.2012

СЛУХИ

Ночь иногда бывает
Цвета китайской туши
Не то чтобы глухо и слепо
Скорей тепло и черно
Говорят что у всякой ночи
Бывают глаза и уши
Это уже проверено
Значит не исключено

Ещё говорят что нету
Никаких специальных небес
Просто есть пустота
Уводящая в бесконечность
Куда-то за Млечный Путь
Где кончается всякая млечность
Думается враки
Попутал учёных бес

Как он попутал всех
В бесноватой нашей отчизне
Где всё скорее навыворот нежели наоборот
Ещё говорят что все мы
Составляем единый народ –
Мухи поэты свиньи
Депутаты собаки клерки
Ибо все обладаем
Единым качеством жизни
Соблазнительно
А потому сомнительно
И нуждается в научной проверке
Впрочем наука тоже
Обыкновенно врёт

САМООПРЕДЕЛЕНИЕ

1

По советской моде
Тёртое пальто,
Кто я? Некто вроде,
В сущности ж никто —

Пустотрёп, прищепка,
На седой макушке
Примостилась кепка...
Эх, друзья — подружки!

Жизнь такая драма,
Всё в ней некрасиво,
Начиналось прямо,
Выходило криво,

Навалилась осень —
Думал, золотая.
Почернела просинь,
Разлетелась стая.

04. 2011

2

Плоть и кровь моя, великий народец,
По патриотизму, который у нас с тобою в крови,
Терпим от родины
Проявления поистине материнской любви,
Когда тебя бросают вниз головой в колодец
И строгим голосом приказывают:
— Плыви!
И тут уж плыви, хоть плачь,
Даже если это занятие тебе не по сердцу и не по плечу,
И я, захлёбываясь то ли брызгами, то ли слезами,
Барахтаюсь и кричу
Что-то о том, что я плыть совсем не хочу
Потому что я вовсе и не пловец, а циркач,
Весь изящный и изысканный такой
Танатоходец.
Но колодец, на то он, конечно, колодец,
Чтобы, становясь на головы друг другу,
Плыть не по прямой и не по кривой,
А по строго обозначенному кругу.
Говорят, что с колодезного дна
В ясный день на чёрном фоне видна
Высоко и ярко стоящая в небе звезда.
Увы,
И проверил бы, да не поднять головы,
То ли от неудобства, то ли, может быть,
От стыда,
Поэтому сомнения уже не стоят труда,
Тут уж дожить бы если не до первой,
То хотя бы до последней звезды —
Ах, глупые наши,
Бесполезные наши труды.

То ли дно, то ли небо всё ближе и ближе,
Тело растворяется в почти неощутимой жиже,
Смех превращается в плач

И возвращается смехом,
Трижды усиленным гулким
Колодезным эхом.
Чувства вразброд и вскачь,
И тут понимаешь, что ты
Никакой уже не циркач —
И единственно хочется
Поскорей добраться до дна —
Там, говорят, тишина.

СОНЕТЫ В СТИЛЕ ПОСТМОДЕРН

1

Современно – значит культурно,
Это и идеал, и норма,
И жизнь развивается криво, но всё-таки бурно,
И старому места в ней как не было, так и нет
В наш век ракетостроения и канализации,
И в силу таких обстоятельств, как литературная форма,
Сонет
Также, пожалуй, нуждается
В серьезной модернизации.

Итак:

Когда на газонах
Начинает мучительно таять
Снег, перемешанный с грязью,
А в воздухе разливается
Настойчивый запах прошлогодней кошачьей мочи, –
Мерзко.
Но сердце стремится порадоваться разнообразью
Природных явлений.
Ах, глупое сердце,
Ах, бедное сердце –
Молчи.

Молчи, ибо каждый твой вскрик,
Это уже происшествие –
И как тут не разыграться драме.
О это вечное путешествие
С завязанными глазами,
Когда что ни шаг, то кочка,
Что ни шаг, то овраг,
Что ни друг, то и враг –
Так было всегда.

А поэтому
Молчи – и точка.
О это путешествие
Из неизбежности в неизвестность,
Когда вокруг непроходимо пересечённая местность,
Где удивительное всегда и гадко, и рядом.
Сумасшедший дом с доставкой почти что на дом:

Живётся по-маленькой,
А гадится по-большому,
И каждое движение сердца
Почти неприличный каприз,
И существование превращается в подобие телешоу
В том смысле, что прыгаешь вверх,
А приземляешься неизбежно вниз.

Как не хватает света,
Шумят пустые сады,
Низкое небо цвета
Антикварной слюды
Вспухает, и движется,
И в ранних сумерках тонет,
Куда-то бредёшь, непонятен,
Да это ещё полбеды.
Хуже то, что не понят.

2

Со временем чепуха принимает действительно вид чепухи.
Похоже, я, наконец, разучился писать стихи.
И тут остаётся лишь повторять зады, –
Что это – возраст или душевное обнищание
Или уже повидал чересчур многие виды?
Впрочем, нет тут большой беды
И даже малой обиды,
Но разве давал я какое бы то ни было обещание,

Разбитое сердце, утешитель чужих сердец?
Нет, это совсем ещё не конец,
Но что-то уже очень похожее на прощание.

На чужой большой и очень красивой сцене
Я выстроил крошечную собственную сценку,
Где пережил счастливейшие в жизни моменты,
Без совести и стыда
Принимая чужие аплодисменты
За радостную оценку
Собственного труда.
Но следовало перейти на свои хлеба,
Чтобы узнать, что жизнь отвратительна и груба,
И приспособлена не к душе, а к залапанному рублю,
И выжить можно лишь живя наудачу
И не помня зла,
Ибо то ли голова мала,
То ли по чужой мерке мученический венец,
Не плакал раньше потому, что и теперь не заплачу,
Я теперь расту сам из себя,
Сам себе телевидение и радиовещание
И всё же я вас ещё очень и очень люблю.
Это, конечно, совсем ещё не конец,
Но уже несомненное и трогательное прощание.
И, конечно, дело совсем не в этом
Прочувствовании пустом,
А единственно в том,
Что *готовь сани летом.*

3

Во всём правоту Твою вижу, о Боже,
И в том, что уже никогда не стану моложе,
Так дай мне возможность подольше становиться всё старше,
Природе отнюдь не переча,
Ни в добродетель не вписываясь, ни в порок,
И истребить ещё не одну бумажную десть
С тем чтобы как можно более в срок
Уже метафизически
Поприсутствовать при шопеновском марше
В мою ничем уже не запятываемую честь.

01.2011

СТАРЫЙ ВОКЗАЛ

Несветящие огни
Опустевшие перроны
В небе мечутся одни
Перелётные вороны

Путь неближний
Путь железный
Уводящий в полутьму –
Ожиданье бесполезно
Спешка тоже ни к чему

19.10.2012

*****

У чёрта где-то на куличках
Я доживаю жизнь свою
При старых бедах и привычках
В сливово-яблочном раю.
Земля, опухшая от пьяни,
В себе содержит много дряни –
Здесь эллин, русич и сармат
Основой служат чернозёма,
Еврей привычно ждёт погрома,
Чечен всегда бесчинству рад,
Хохол плюёт на всех подряд –
Народы кажут шиш народам,
За веком век и год за годом
Между помойкой и сараем
Собаки тешат естество,
Но рай и был, и будет раем,
Куда ни загони его.

ПАМЯТИ О. МАНДЕЛЬШТАМА

1

Всё дальше первый день, всё ближе день последний,
Нет счёту дням, хотя они и сочтены,
Всё бесполезней ум, и творческие бредни
Уже почти мираж, уже почти смешны.

Что в творчестве, когда оно всего привычка
Беситься, горевать и верить в чудеса,
Что в имени, когда оно всего лишь кличка,
Безликий позывной стареющего пса?

Среди истлевших грёз и бытового хлама
Всё безответней жизнь, всё меньше смысла в ней,
Но тонкая тоска от строчки Мандельштама
Сверлит пустую грудь — и с каждым днём больней.

2

Что ни день, то пустейшая драма —
Скука, нервы, прогулки, дела,
Жизнь легка, как строка Мандельштама,
Как больничный режим тяжела.

И, ныряя в дождливость и вьюжность,
Забиваясь в худое пальто,
Ощущаешь всю эту недужность,
Понимаешь всю эту ненужность —
Тут стихи, там — неведомо что.

09.12.2012

5. ПЕРЕВОДЫ

ФРАНСУА ВИЙОН

БАЛЛАДА О ТОЛСТОЙ МАРГО

Ведь если я от дамы без ума,
То не безумен же. Клянусь притом,
Что в ней достоинств и восторгов тьма.
Любовь моя да служит мне щитом!
Когда клиент манит меня перстом,
Тащу вино, закуски — и молчок,
Но, право, я лишь с виду простачок
И к уходящим обращаюсь так:
— Прошу почтить, когда вам припечёт,
Наш маленький и миленький бардак.

Когда же объявляется нахал,
Который даром переспать не прочь,
Разыгрывается такой скандал,
Что он не чает ноги уволочь.
Когда моей Марго уже невмочь
Гвоздить его, приходит мой черёд,
И я, беря беднягу в оборот,
Прощальный выдаю ему тумак:
Строжайше репутацию блюдёт
Нам маленький и миленький бардак.

Ну, вот и мир. Я бесконечно рад
И салютую громким пердежом,
Моя Марго даёт мне плюху в зад

И ржёт, как конь, а я верчусь ужом.
Мы долго спим, добиты кутежом…
Едва спросонья, не продравши глаз,
Марго спешит на мне пуститься в пляс,
Меня вминая в жиденький тюфяк –
Толста ж, зараза! Чем не рай для нас
Наш маленький и миленький бардак!

Вы в золоте – и всё-таки в тюрьме,
И волен я, хоть по уши в дерьме.
Люблю, признаться, первородный грех,
Люблю за то, что нам он слаще всех.
Оставим споры – кто на что мастак –
Но одинаково хорош для всех
Наш маленький и миленький бардак.

ГИЙОМ АПОЛЛИНЕР

ЗОНА

Надоело плясать от античной печки
Эйфелев шпиль Мосты сбежались к речке как глупые овечки
Осточертела и жизнь в греко-романском стиле
Здесь всё антиквариат даже новые автомобили
И только религия хотя и в пятнах свечного нагара
Проста и разумна как конструкция авиационного ангара

Европу как моль сжирает греко-романская скверна
Папа Пий X — единственный представитель модерна
Ты ж на всё это паскудство поглядываешь из окна
И мысль посетить храм Божий тебе ей-Богу смешна
Ты пожираешь массу проспектов каталогов афиш
Вот утренняя поэзия Вот газеты поэзии в них ни на шиш
Вот подвиги полицейских злодеев умопомрачительные уловки
Портреты известных лиц и разнообразные заголовки

Я видел красивую улицу Какую — вспомню потом — непременно
Она сверкала на солнце как труба в руке у джазмена
Четырежды в день с понедельника и по субботу
По ней протекает народ с работы и на работу
По утрам её оглушает троекратное пенье сирены
В полдень — колокола И это всё неизменно
Как цветные рекламы на облупленных стенах
Содержащие множество сведений вполне возможно
бесценных
Мне нравится этот очаг индустриального уюта
Он расположен в Париже между ул. Омон-Тьевиль и авеню
Терн

Вот ещё одна улица Это тоже было с тобою
Ты дитя мать одевает тебя только в белое и голубое
Вы с Рене Дализ ещё дети чтоб не сказать пацаны

Но уже клерикалы и в Церковь без памяти влюблены
Девять вечера газ притушен Вы пробираетесь по коридору и
это совсем не игра
Вот вы уже в школьной часовне Вы молитесь до утра
И не можете остановиться и удержаться от слез
И над вами в аметистовой славе своей сияет Христос
Это – лилия прорастающая сквозь песок и навоз души
Это – костер волос его рыжих которого ветру не потушить
Это – истерзанный сын у плачущей матери на руках
Это – дерево жизни крона которого теряется в облаках
Это – двойная мощь целомудрия и вечности
Это – шестиконечная суть перетекающая в бесконечность из
бесконечности
Это Христос лучший из авиаторов – а они уж с небом на ты –
Устанавливающий абсолютный мировой рекорд высоты

Христос зрачок в глазу века – двадцатого по самому точному
счету
Ставшего птицей и подобно Христу предающегося полету
Бесы из преисподней вопят что мол не нова-то идея
И что он подражает Симону Магу из Иудеи
И что вообще надо ещё проверить что он за птица
А в небе от обилия ангелов прямо разум мутится
А также Икар Илья Энох и Аполлон из Тианы
Слетелись на чествование первого аэроплана
Они любуются видом новейшего алтаря
И уступают ему дорогу – как выяснилось не зря
Ибо не сложивши крыльев самолет наконец садится
И к нему со всех сторон миллионами слетаются птицы
Без различия в происхождении возрасте и калибре
Вороны совы ласточки соколы и колибри
Птица Рок знаменитая сохранная не по годам
Носится с черепом владельцем коего был Адам
(Остальная часть прародителя по слухам лежит в гробу)
Из Африки объявились фламинго и марабу
Китай представляют пи-фи – весьма занятные твари
Имеющие каждая по крылу и потому летающие только в паре

Задоглазый павлин с лирохвостом делают вид что они большие вельможи
И голуби чтоб услужить им лезут не то из перьев а натурально из кожи
Феникс на всякий случай а может уже по привычке
Всюду таскает с собой сухой хворост и серные спички
Сирены и те отлучившись из вверенного им пролива
Явились исполнить своё боевое трио
И поучаствовать вместе со всем этим братством пернатым
В братании с восхитительным летательным аппаратом

Сейчас ты бредешь по Парижу и скромно мечтаешь о чуде
А мимо машины машины и люди и люди и люди
И ты один между ними с любовным томленьем в груди
Но то что было то сплыло И ничего впереди
А вот если бы ты в стародавние жил времена
То тебя бы от мира монастырская скрыла стена
И Она за молитвой каждый вечер вздыхала бы тяжко
И с раскаяньем думала: – Ах, как же он там бедняжка
Вот такая картина чтоб не сказать кино
С виду вполне печально а в сущности даже смешно

Теперь ты бредешь по Парижу и в каждой женщине видишь вампира
Ты приболел Прихворнул неприятием мира

Богородица в Шартре обожгла меня ласковым взглядом
Монмартр навсегда опоил эстетическим ядом
Отворился мой слух – и вот эта болезнь навсегда
А сгорать от любви так уж лучше сгореть от стыда
Так любовь человека загоняет на самое дно
Вот такая картина чтоб не сказать кино

Средиземное море песочек и никаких забот
Над тобою лимонное дерево цветущее круглый год
На душе у тебя спокойно Что было то сплыло давно
Есть для полного счастья яхта друзья вино

Ты созерцаешь глубины сыт ленив и свободен
И на крючке у тебя рыбешка – Символ Господен

Ты расположился в саду трактира в окрестностях Праги
Перед тобой на столе роза и лист чистой бумаги
И вместо того чтоб заняться сочиненьем серьезной прозы
Ты следишь за жуком А тот спит в самом сердце розы

Ты с ужасом видишь себя в агатах Святого Витта
Ты в этот день одурел и от бытия и от быта
Взыграли старые страсти да и жизнь взяла в оборот
Стрелки часов в еврейском квартале движутся почему-то
наоборот
Пора возвращаться к жизни а ты увязаешь в тоске
И тут же в Градчанах в каком-то дрянном кабаке
Плачешь под пьяную скрипку в самом дурном угаре

Вот ты в Марселе на знаменитом базаре

Вот ты в Кобленце в гостинице из недорогих

Вот ты в Риме под сенью японской арги

Вот ты в Амстердаме в постели какой-то дряни
Страшной как смерть Ты её за красотку принял по жуткой
пьяни
В уголовном каком-то квартале в ободранной меблирашке –
Она собиралась замуж но и тут не дала промашки

А вот ты опять в Париже получивший все удовольствия
Следствие Арест Перспектива казенного довольствия

Ты вернулся в Париж после долгой и долгой отлучки
Ничего не поняв но себя доведя до ручки
Дважды ты был влюблен и безумствовал дважды – любя
Потерял – думал время а вышло так что – себя
Жизнь казалась простою а вышло и вовсе проста

Столько было надежд Не осталось от них ни черта

Вот и на эмигрантов ты смотришь с подспудной тоскою
Они веруют в Бога и любят и ищут покоя
Провоняли вокзалы своей переезжей бедой
Но подобно волхвам они руководимы звездой
Чуть прикроют глаза и всё та же всплывает картина
Тот серебряный край их серебряный рай Аргентина
Их семейный матрац их последний оплот и защита
А защита глядишь вся-то белыми нитками шита
Так что кто-то из них на надежды махнувши рукой
Где-нибудь по дороге обретает приют и покой
Я видел много таких они напряжены и понуры
Дышат как рыбы и движутся как шахматные фигуры
Среди них в большинстве евреи жертвы малокровия и
простуды
Целыми днями в лавках торчат неподвижно как Будды

Чёрт-те где бродишь пьешь кофе в каких-то подвалах
За цинковой стойкой среди таких же как ты неудалых

Целую ночь проводишь в большом дорогом ресторане
Эти женщины вовсе не злы но повнимательней глянь и
Окажется что самая уродливая из них была причиной чьих-то
страданий

Она была дочь сержанта откуда-то с Джерси

Её рук я не видел но на ощупь они были грубые и в трещинах

Особым сочувствием я проникся к шрамам на её животе

Я склонился к несчастной и мы растворились в мерзейшем
поцелуе

Ты один и пора выползать из ночного кошмара
Скоро будет светать тарахтят молочницы тарой

Ночь уходит сосредоточенно как Леа утро близко
Это лживая Фердина это восхитительная Метиска

Допей же залпом остаток жгучего коньяка
Как жизнь которой осталось ещё на два-три глотка

Ты пешком бредешь к Алтарю небо уже синеет
Дома ты уснешь среди идолов из Океании и Гвинеи
Это те же Христы только другой веры и обычая
Младшие Христы – в этом и всё отличие

Прощай прощай

Солнце перерезанная шея

1996

ЛОШАДИ ФРИЗА

В течении белого и сумеречного сентября
В то время как деревья пересечённые артиллерией
Старились всё больше под снегом
Похожие на лепных коней в колеснице фриза
Густо обнесённых колючей проволокой
Моё сердце возрождалось как весеннее дерево
Весеннее дерево вновь покрытое
   Цветами любви
В течение белого и сумеречного ноября
В то время как снаряды пели страшными голосами
И мёртвые зелёные цветы источали
      запах смерти
Я с утра и до ночи описывал мою любовь к Мадлене
Снег покрывает бледными цветами деревья
      И закутывает в горностаи коней
            Которые толпятся повсюду
                  Брошенные и зловещие
                        Немые кони
Не то чтоб кони а так себе кобылки
      И вдруг я их всех оживляю
         Превращая в стадо прекрасных пегих коней
Которые бегут к тебе как белые волны
         Средиземного моря
      И несут тебе мою любовь
Розалия о пантера голубка голубая звезда
            О Мадлена
Я рад любить тебя
Твои глаза о которых мечтаю — два чистых источника слёз
Твой рот о котором мечтаю — полураскрытая роза
Твоя грудь о которой мечтаю — да простит меня небо —
Два её бугорка словно две голубицы
         И снова мой язык поэта свободен
      Чтобы снова сказать
Я люблю тебя
Твоё лицо это свежий букет

Сегодня я пишу тебя не Пантеру
    Но Мировой Цветок
        И я дышу тобою о мой Мировой цветок
Все лилии поднимаются в тебе как будто песнь любви
    И радости
        И эта песнь улетая к тебе
            Уносит к тебе и меня
        На твой прекрасный Восток где лилии
    Превращаются в пальмы прекрасные руки которых
Дают мне призывный знак
Ночной цветок ракеты распускается
        В темноте
И опадает дождём влюблённых слёз
    Счастливых слёз которыми истекает радость
        И я люблю тебя как и ты меня любишь
            Мадлена

VIII-IX.81

МОСТ МИРАБО

Под мостом Мирабо убегает в потёмки вода
И наша любовь с тобою
Эти воспоминанья да ну их совсем Ерунда
Нынче грусть завтра радость так должно быть
Так было всегда
        Куранты бьют приходит ночь горят огни
        Уходят дни я остаюсь уходят дни
Но сегодня мы вместе и с рукою встречаясь рука
Образует подобье моста
И мы будем стоять и молчать бесконечно быть может
Пока
Под мостом этим хрупким течёт
Наших взглядов усталых река
        Куранты бьют приходит ночь горят огни
        Уходят дни я остаюсь уходят дни
Наша любовь уходит точь-в-точь как эта волна
Наша любовь уходит
Как всё-таки жизнь тягуча хотя и не очень длинна
А надежде в душе всегда отыщется место
Даже если не к месту она
        Куранты бьют приходит ночь горят огни
        Уходят дни я остаюсь уходят дни
Всё так невозвратно что просто беда и беда
Ничего удержать невозможно
Наши лучшие чувства наши лучшие годы
Ушли утекли без следа
Под мостом Мирабо убегает в потёмки вода
        Куранты бьют приходит ночь горят огни
        Уходят дни я остаюсь уходят дни

*****

Май несравненный май прозрачная река
С высоких берегов глядящие красотки
О как вы хороши но уплывает лодка
Зачем плакучие всегда гнетёт тоска?

Со всех сторон сады и в воздухе кружится
Вишнёвый бледный цвет и на траве лежит
Как ногти женщины которой я забыт
Сухие лепестки словно её ресницы

Вдоль берега осёл волочит за собой
Фургон За ним медведь собака обезьяна
Степенно шествуют по манию цыгана
Тогда как вдалеке настойчиво и рьяно
Гремит чуть слышимый оркестрик полковой

Май несравненный май в развалины занёс
Кипенье диких роз плюща и винограда
И ветер Рейна спит за частою оградой
Болтливых тростников и расфранчённых лоз

******

Май несравненный май прозрачная река
С высоких берегов глядящие красотки
О как вы хороши но уплывает лодка
Зачем плакучие всегда гнетёт тоска?

Со всех сторон сады и в воздухе кружится
Вишнёвый бледный цвет и на траве лежит
Как ногти женщины которой я забыт
Сухие лепестки словно её ресницы

Вдоль берега осёл волочит за собой
Фургон За ним медведь собака обезьяна
Степенно шествуют по манию цыгана
Тогда как вдалеке настойчиво и рьяно
Гремит чуть слышимый оркестрик полковой

Май несравненный май в развалины занёс
Кипенье диких роз плюща и винограда
И ветер Рейна спит за частою оградой
Болтливых тростников и расфранчённых лоз

ЗОНА (ранний перевод)

Мир безнадёжно стар – и ты устал вконец

Мосты сбегаются к реке как будто стадо овец

Над ними не то туман не то клубы антикварной пыли

Здесь всё разит стариной даже автомобили
И среди этого хлама одна только вера в Христа
Как архитектура ангара возвышенна и проста

Европа совсем сдала и не будет большого риска
Сказать что европейский модерн представляет один Папа
Римский
А ты сидишь у окна и тебя разбирает тоска
Но мысль отправиться к исповеди для тебя бесспорно дика
Ты поглощаешь анонсы проспекты и прочий вопящий бред
Се – утренняя поэзия се – проза в кипах газет
Се – авантюрное чтиво дешёвое как вода
Портреты великих и прочая мелкая ерунда

Сегодня некую улицу мне удалось подсмотреть
Она блестела под солнцем как оркестровая медь
Хорошенькие секретарши директора и рабочие
Наводняют её в будние дни и отсутствуют в прочие
По утрам её будит сирен троекратный вой
В полдень – колокол заливается прямо над головой
Плакаты и указатели никого ни радуя ни пугая
Разглагольствуют с облупленных стен как заправские попугаи
Эта улица мне почему-то милей чем любая другая
Находится она в Париже между ул. Омон-Тьевиль и авеню Терн

Вот юная улица – и ты уже в измереньи другом
Ты снова дитя разодетое в белом и голубом
Вы с Рене Дализ два совсем неплохих повесы
Вас сближают любовь к созерцанию строгой мессы
Девять вечера Газ притушен В полумраке ступая несмело
Вы отправляетесь ко всенощной в гимназическую капеллу
Вы проводите целую ночь в бденьи истовом
И бесконечность является вам в аметистовом сияньи
Христовом
В свете славы Его который – кротчайший сын
Это вечность в образе лилий под нашим небом косым
Это факел волос его рыжих который – неугасим
Это сыновняя боль и материнское горе
Это всех на свете молитв неоглядное море
Это двойная мощь ибо – Бесконечная – Благодать
Это звезда растекающаяся в шести направленьях
Это Бог умирающий в пятницу чтобы восстать в воскресенье
Это Христос который в предвосхищенье авиаторской самой
сумасшедшей мечты
Устанавливает абсолютный мировой рекорд высоты

Хрусталик Христа в глазу
Двадцатом по счёту по отношению к Его рождеству
Век вослед за Христом устремляющийся в небесную синеву
Уйма чертей на него из преисподней косится:
Мол если летит то ещё надо проверить что он за птица
И вообще разобраться надо в этом деле сперва
Ибо такие фокусы идут ещё от Симона Волхва
В то время как Икар Илья Энох и Аполлон из Тианы
Патрулируют вокруг первого аэроплана
Жрецы которые пути вечного света торя
Уступают дорогу для продвижения новейшего алтаря
Самолёт не сложивши крыльев мягко ложится ниц
И тотчас же небо заполняется миллионами разных птиц
Соколы совы ласточки – то вразброс то сбиваясь в гурьбу –
Из Африки прибывают ибисы фламинго и марабу
Чтоб довершить разнообразие цвета птичьего и калибра

Из Америки объявляются крошечные колибри
Птица Рок сказочная сохранна не по годам
Сжимает в когтях череп владельцем которого был Адам
Китай же представляют и вовсе дивные твари
Которые имея каждая по крылу могут летать не иначе как в паре
Голуби — птицы божьи в духе ли в простоте
В сопровожденьи павлинов с радугою в хвосте
Факирствующий феникс с единственным номером в концерте
Иллюстрирует идею отсутствия смерти
А также сирены наскучась однообразным пейзажем пролива
Явились исполнить своё смертельно прекрасное трио
И все отправляются вниз чтобы всем своим братством пернатым
Устроить братание с летательным аппаратом

Сейчас ты бредёшь по Парижу одинок в толпе до отчаянья
Мимо — стада автобусов с грохотом воем мычанием
Дыба — и те бы даже страданья были легки
Ибо — нет в мире гаже сентиментальной тоски
Если бы дело происходило во времена именуемые стариной
Ты бы нашёл утешение за какой-нибудь монастырской стеной
Но нынче нет утешений хотя и много утех
Золотистыми искрами тлеет в сердце вчерашний смех
Как радостная картинка средь музейной густой темноты

Ты бредёшь по Парижу Рты у женщин кровавы глазницы пусты
То о чём я хочу забыть именуется: смерть красоты

Богородица взглядом своим обожгла меня в Шартре
Кровь Священного Сердца окропила меня на Монмартре
И я болен открывшимся слухом к блаженному слову
И любовь от которой страдаю есть лишь квинтэссенция злого
И понурое сердце — лишь третьеразрядный притонец
Где ютятся виденья печалей твоих и бессонниц
Сейчас ты нежишься на берегу Средиземного моря
Среди пальм и лимонов — ни печали тебе и ни горя

И на царственной яхте обследуешь заводи и затоны
Со своими друзьями из Турбии Ниццы и Мантоны
На жильцов глубины осьминогов мы глядим с нескрываемой
дрожью
И развлекают нас рыбки – тоже кстати подобия Божьи

Ты за столиком в саду при кафе в окрестностях Праги
Ты счастлив вполне перед тобой на столе роза и лист чистой
бумаги
И вместо того чтоб заняться писанием прозы
Ты следишь за жуком уснувшим в самом сердце розы

С ужасом ты видишь себя изображённым среди агатов св.
Витта
Печаль того дня посейчас тобой не забыта
Ты напоминаешь Лазаря лишившегося рассудка
Часовые стрелки в еврейском квартале движутся наоборот – и
хоть это всё-таки жутко
Ты отправляешься вместе с ними в обратное путешествие во
времени
И добравшись до Градчан во всё сгущающейся темени
В харчевне под чешские песни складываешь вновь
навалившуюся обузу

Вот ты в Марселе среди лучших в мире арбузов

Вот ты в Кобленце в покоях весьма дорогих

Вот ты в Риме под сенью японской ирги

Вот ты в Амстердаме с некой не то чтоб красоткой а скорее ни
так ни сяк
Коротающей последние деньки перед вступлением в законный
брак
И не упустившей последней возможности –
Вы с ней прожили дня три в общей сложности

Вот твоё возвращение в Париж из разной отдалённости мест
Вот допросы у следователя и следом арест

Наконец ты вернулся к себе от веселья и грусти дорожной
Ты узнал насколько действительность может быть ложной
Дважды ты страдал от любви но похоже и это прошло
А пока ты безумствовал — время текло да текло
Ты сторонишься зеркал ты скучнеешь такая брат штука
Было много всего а осталась одна подколодная мука
С сердцем полным тоски ты смотришь на переселенцев
Они веруют в Бога они молятся женщины кормят младенцев
Они заполняют вокзалы запахом застарелой беды
Но подобно Волхвам они верят в путеводность своей звезды
Они верят младенчески в то что их россыпи ждут в Аргентине
Им бы только добраться а там счастье их не покинет
Словно вы своё сердце они несут одеяло из красного шёлка
Но и их одеяло и ваши мечты — пух да и только
Некоторые из эмигрантов и детки их и подруги
Оседают где-нибудь в пригороде в какой-нибудь лачуге
И по вечерам семьями прогуливаются понуро
Напоминая потрёпанные шахматные фигуры
Особенно много евреев с виду все они старики
А женщины их малокровны и все почему-то носят парики

Ты торчишь перед стойкой в баре где пол и стены в подтёках
С кофейной чашкой за два су в обществе таких же как ты
одиноких

Ночью ты в ресторане из не весьма дорогих

У этих женщин свои заботы и они совсем не жестоки
Но даже самые из них уродливые заставляли страдать других

Она была дочь сержанта и во всех отношеньях проста

Её руки которых я так и не увидел были жестки и в трещинах

Особо мою жалость вызывали шрамы на её животе

Грязнейшим из поцелуев я осквернил уста

Ты один утро близко
Молочницы на улице уже гремят бидонами
Словно прекрасная метиска
Ночь уступает свои права
Эта неискренняя Фердина или нетерпеливая Леа

Водку жгучую словно жизнь ты заливаешь в глотку
Словно жизнь которую ты пьёшь залпом как эту водку

Домой ты отправляешься пешком так как тихо и время раннее
Там ты уснёшь среди идолов из Гвинеи и Океании
Это тоже Христы только другой внешности и
вероисповедования
Христы нижнего чина – в этом-то всё и дело

Прощай Прощай

Солнце окровавленное как тело

РЕЙН

Текучая вода, размеренная речь,
Красавицы на мир глядят с прибрежной кручи,
Ах, время как река – ему бы течь да течь...
А вы так хороши, а ивы так плакучи.

Цветущие сады стадами вдоль реки,
Такая красота не всякому приснится,
Ах, милой коготки точь-в-точь как лепестки,
Точь-в-точь как лепестки нежны её ресницы.

Причудливой толпой цыгане и цыганки
Вдоль берега бредут. За нами ослик, он
Волочит не спеша истрёпанный фургон,
А следом на цепи медведь и обезьянки,
Из-за деревьев шум веселья и гулянки —
Смех, песни, голоса. Звучит аккордеон.

Май восхитителен. Спокойствие безбрежно.
Истома тонкая в природе и в душе,
А лодочка плывёт, а ветер треплет нежно
Нестройные ряды болтливых камышей.

13.12.2013

******

Уходите? Ну что ж, переживу потерю,
Не так уж сладок был печальный наш союз,
Хотя в недобрый час я всё же приплетусь
Как раненный щенок скулить под вашей дверью.
Уходите? Ну что ж, переживу потерю.

Поскольку жизнь моя как склянка раскололась,
В осенней пустоте по улицам бродя,
И в визге тормозов, и в шорохе дождя
Я буду слышать ваш меня зовущий голос,
Поскольку жизнь моя как склянка раскололась.

Всё вроде ни к чему и всё не к месту вроде,
Хоть люди не с такой справляются бедой,
Но всё же были вы единственной звездой
На этом никому не нужном небосводе.

Всё вроде ни к чему и всё не к месту вроде.

Осеннее окно как будто воск закапал —
Ночная кутерьма в причудах знает толк,
И, падая, листва шуршит, как будто шёлк
Одежд, с горячих плеч спадавших страстно на пол.
Осеннее окно как будто воск закапал.

Молчу, поскольку грусть не выразить словами,
Она живёт в душе на самом тёмном дне,
А вы забудете, конечно, обо мне,
Как только эта дверь захлопнется за вами.
Молчу, поскольку грусть не выразить словами.

17.12.2013

MARIZIBILL

Она как прозрачная тень
По тёмной улице Кёльна
Ходит взад и вперёд
В ожиданьи клиента
Она согласна на всё
Лишь бы не было больно
Потом долго сидит в кафе
Перед бутылкой абсента

Густо-зелёный дурман
Целительнейшего из зелий
Она цедит понемножку
И ей этот мир незнаком
И она чужая везде
Похожая на рыбёшку
Которую некий еврей

Воняющий чесноком
Выловил в мутной воде
Грязных тайваньских борделей

Я знаю много людей
Живущих чужою судьбой
Они как мёртвые листья
На истоптанной мостовой
Встающих рано с утра
С чувством вчерашней потери
И свет их измученных глаз
Как тающий отблеск костра
И сердца их под ветром стучат
Как неплотно прикрытые двери

24.07.14

БРОДЯЧИЕ АКРОБАТЫ

Суха безоблачная высь
Сады темны дома горбаты
И тут — откуда ни возьмись —
Зверьё повозки акробаты

На изнуряющей жаре
Застыла сонная обитель
И недоверчив взрослый зритель
Но сущий праздник детворе

Расположившись полукругом
Она следит с восторгом как
Мартышка с косолапым другом
Обходят с шапкою зевак

ОСЕНЬ

Крестьянин колченог а бык нетороплив
Неторопливо их движенье по просёлку
Деревня вдалеке цепочкой серых пятен

Бык спотыкается крестьянин без умолку
Бормочет никому не ведомый мотив
Как будто бы романс но смысл его невнятен

Ах осень ты опять убила насмерть лето
…Невнятица туман два зыбких силуэта

24.03.2016

СНЕГОПАД

Метёт – и свод небесный сер
Оттуда слышен смутный говор
Там ангелы из внешних сфер
Один по виду офицер
Другой – определённо повар

Весна совсем ещё не близко
Но голубеет где-то даль

И можно утверждать без риска
Что офицера ждёт медаль
В образе солнечного диска

Пока же день и сер и хмур
А повар щиплет щиплет кур
И перья белые кружатся
Они кружатся не ложатся
Соединяясь на лету
В одну большую пустоту

03.04.2016

В САДУ АННЫ

Ах если б мы с Вами жили в 1760 году
(Это дата выбитая на каменной скамейке в Вашем саду)

К несчастью моему я был бы – ну скажем – немцем
Но к своему счастью
Оказавшимся рядом с Вами
И мы бы гуляли по саду
И рассуждали бы о любви
Весьма рискованно притом французскими играя словами
А Вы нежно бы повисали
На крепкой моей руке
Хитрая Вы лиса
А я бы ещё плёл что-то о Пифагоре
Думая о том что до кофе
Томиться ещё полчаса
Эко горе

А осень была бы точно такой же как нынешняя осень

Украшенная виноградными лозами
И барбарисом

Встречались бы нам
Всякие знатные дамы
Вписанные в анналы псевдоисторического хлама
Известные своей добродетелью
Ещё во время оно
И я приподнимал бы шляпу
И отвешивал им поклоны

А долгими вечерами
Я бы топил одиночество
В токае и хересе
Предаваясь поэтической ереси
И радуясь каждой
Мной прожитой минуте
Но всё-таки чувствуя себя немного засранцем
И наряжался б средневековым испанцем
Чтобы встретить подъезжающую в карете
Mutti

В стихах я описывал бы
Картинки сельской идиллии
Ваши ланита и прелести местных пейзанок

Ломал бы трость о спины
Их придурковатых мужей

Камерную музыку
Закусывал бы ветчиною

На изысканном немецком уверял бы Вас в том
Что это не то что Вы подумали
Застав меня целующимся взасос
С рыжей горничной

Не думаю что искренно но Вы бы меня простили

Ну действительно что может быть общего
Между мной и нею

И я мурлыкал бы Вам какую-нибудь утешительную ахинею

И мы трепетно слушали бы шорох
Сумерек
Сгущающихся между дерев в саду

ЭМИГРАНТ С ЛЕНДОР РОУД

Железной поступью вояки отставного
(Жизнь вроде не игра – а всё-таки игра)
Вошёл он в магазин известного портного
И – шутка ли сказать – поставщика двора

Его Величества Вовне – в витринной раме –
В мерцанье редких звёзд и газовых огней
Ползла медлительно словно в античной драме
Толпа уже почти невидимых теней

А утром к берегам прекрасной из Америк
Мой стимер повлечёт упругая волна
Чтоб я навек забыл едва сойдя на берег
Пустые адреса пустые имена

Чтобы далёк от всех судьбы хитросплетений
В костюмчике где глаз едва ль найдёт изъян
Я нежился в тени невиданных растений
Под шум морской волны и крики обезьян

Не тратя времени и выиграв в цене
Не вытребованный одним усопшим пэром
Костюм примерил он и с виду стал вполне
Преуспевающим в делах миллионером

Теряли что-то находили
Как тени годы проходили
И тени серые ползли
Как годы по лицу Земли

Но вот нечаянно в дни спрессовались годы
В дни выпадавшие из общей череды
В такие дни когда предчувствие свободы

Неотличимо от предчувствия беды

Тревожный звук команд прощаний отголоски
И моря серый холст и облака как мел
Поставил чемодан на палубные доски
И на него присел

Свежело Океан таил в себе угрозы
Неясные Уже прощальный визг и гам
Затих и беглецы глотали молча слёзы
И обращали взор к родимым берегам

Он долго вдаль глядел Везде была вода
Но ветер осмелел и небо стало хмуро
Блуждали вдалеке мизерные суда
И был похож пейзаж на старую гравюру

Бескраен был простор и волновалось море
И волны здесь и там вставали на дыбы
Вскипали пенились и в пенном их узоре
Он явственно читал узор своей судьбы

Проклятый романтизм и муза дальних странствий
С которой воевать — увы — напрасный труд
Так пусть морские чудища сожрут
Остатки памяти потерянной в пространстве

25.08.2019

ШАРЛЬ БОДЛЕР

ДОЖДЬ И МРАК

Зимой и осенью, и раннею весною
Так сладко спится мне — овладевают мною,
Вползая в череп мой, как чёрная смола,
Гнилой ночной туман и ледяная мгла.

Когда гуляет вихрь над сгорбленной землёю,
И флюгер, одурев от скрежета и вою,
Срывается — смотри, над миром вознесла
Безумная душа два траурных крыла.

О, мертвенный сезон! Мне ничего не надо
Помимо сумерек твоих и холодов,
Последняя любовь, последняя отрада,

О, ночи без луны, о, грусть без берегов!
— Я на свою печаль навею сон беспечный,
В случайную постель зарывшись с первой встречной.

ПУТЕШЕСТВИЕ

(отрывок)

1

Ребёнок, поглядев на карты и эстампы,
Решит, что он и впрямь Вселенную объял…
Мир сказочно велик в лучах настольной лампы,
В глазах же памяти он до смешного мал.

…Светает. Мы плывём, пути не разбирая,
Нечистый впутал нас в безумные бега,
Хоть знаем наперёд – одна душа без края,
Куда ж ни поплывёшь – повсюду берега.

Нам ненавистно то, что прочим людям свято,
Для мира мы ничьи, и мир для нас ничей,
Но хуже всех тому, кто утонул когда-то,
Прельстившись глубиной цирцеиных очей.

Кто, унизительной страшась метаморфозы,
Готов к страданию до самых судных труб,
Пока не выжжет зной, не вылущат морозы
Проклятые следы когда-то милых губ.

И путешественник меж нами настоящий,
Кто видит смысл пути в самом пути, лишь тот,
Кто беззаботен, чей язык и взор горящий
Согласно говорят: вперёд, вперёд, вперёд!

Как облака, его изменчивы желанья,
Как рекрут о боях, он грезит о пути
И о других вещах, которым и названья
На нашем языке, пожалуй, не найти.

2

Похоже, нам конец. Корабль взлетает, тонет,
То вертится волчком. Нам белый свет не мил,
Но любопытство нас томит, терзает, гонит,
Как сатана рои пылающих светил.

Нелепая стрельба по движущейся цели —
Повязка на глазах и холостой патрон!
Покоя ищут все, но многие ль сумели,
Нацелясь на покой, всю жизнь бежать вдогон?

По множеству морей трёхмачтовую душу
Мотало так и сяк, оснастку разорив,
Вдруг с марса слышен крик: *Ребята, вижу сушу!*
...Ах, дьявол, чтоб тебя! Конечно, снова риф.

Мастеровита ночь на всякую проказу,
Такие вам внушит и башни, и сады, —
Но брезжит новый день и представляет глазу
Пустынный островок среди пустой воды.

Дозорный, сукин сын! Ты, видно, пьян не в меру!
Давно бы нам с тобой разделаться пора!
За каждую твою полночную химеру
Мы чёрною тоской расплатимся с утра.

...Так под дождём впотьмах какой-нибудь бездомный
Перед чужим окном стоит, как истукан,
В воображении рисуя рай нескромный.
Какой? Свечу, да печь, да красного стакан.

3

— О, путешественник, достойный изумленья!
Без лишней скромности и не боясь прикрас,
Все ваши бедствия, все ваши впечатленья

Вы нитью золотой вплетите в свой рассказ.

Мы повторим ваш путь, не покидая кресел,
В которых до смерти скучаем с давних пор,
И будет ваш рассказ ужасен или весел,
Но он расширит наш унылый кругозор.

Что же вы видели?

4

                         – Да всё одно и то же,
Пески да айсберги, да звезды, да моря.
Бывало, и струхнём, не без того. А всё же
Скучали, как и здесь, по правде говоря.

Над чёрною водой кровавое светило,
Могучих городов закатная краса,
Всё это в нас одно желание будило:
Сбежать куда-нибудь подальше в небеса.

Какие берега ни проплывали б мимо,
Их зрелище души затронуть не могло,
Нас облака к себе влекли неодолимо,
Желание бежать нас мучило и жгло.

– Что вам ещё скажу? Из корня наслажденья
Растёт желания вечнозелёный кедр,
И тем вернее ввысь его ветвей стремленье,
Чем глубже корнем он зарылся в толщу недр.

Расти б ему в веках. Посмотрим. А покуда
Черкну-ка в ваш альбом два-три пустых штришка.
Вы те же, что и все – сидите, ждёте чуда,
Но – чтоб из привозных, но – чтоб издалека.

Итак, мы видели брильянтовые троны,
Болванов золотых, картины на шелку.
Короче говоря, все ваши миллионы
Для тамошних владык что горсточка песку.

Там вся изысканность и всё коварство мира,
Там жизнь не бурный ток, но тонкая игра,
Соревнование гадюки и факира…

5

— И что, и что ещё?
                    — Ах, право, детвора…

АЛХИМИЯ СТРАДАНИЯ

Многообразьем божьих чад
Бывает мир двояко понят:
Один печалится да стонет,
Другой живет и жизни рад.

Гермес таинственной наукой
Прельстил меня не в добрый час,
И вот, как древний царь Мидас,
Я изведен душевной мукой.

Эдем я превращаю в ад,
Бальзам преобразую в яд,
А золото в железный лом,

И этим подлым ремеслом,
Хоть такова моя порода,
Я оскорбляю Вас, Природа.

КОТ

1

Как в собственной своей квартире,
В моём мозгу гуляет кот,
И голосом, сладчайшим в мире,
Простые песенки поет.

Таких певцов не видел свет:
Сорвется в бас, взлетит фальцетом —
Ах, голос чист. Пожалуй, в этом
Его и прелесть, и секрет.

Лишает разума и воли
И нежно чувства шевелит
Его напев. И веселит
Острей стихов и алкоголя.

Немеет боль, стихает страх.
О дивный кот, творец забвенья,
Ты произносишь откровенья,
Но не нуждаешься в словах.

И в восхищении мгновенном
Какая вещая рука
Проводит острием смычка
По струнам сердца сокровенным?

Всё голос твой безумный, тот,
Во мне рождающий поэта,
Мой странный кот, мой дивный кот,
Дитя гармонии и света.

Чья песнь свободна и легка,
Того уже не приневолишь,
Но я решил разок – всего лишь –
Погладить славного зверька.

Кто б знал, как он со мною строг,
Всё ему надо: что я, где я...
Кто он такой? Неужто фея
А может, неизвестный бог?

Когда ж, мучителя любя,
Ободрен песен сладким ядом,
Я осмелел душой и взглядом,
Когда вгляделся вглубь себя –

Что я увидел? Два огня
Во тьме прерывисто мерцало,
Два камня, два живых опала
Глядели молча на меня.

ПУТЕШЕСТВИЕ НА ЦИТЕРУ

Мой безмятежный дух раскованно парил
Поверх высоких мачт, с весёлой птицей схожий.
Лучился небосклон. Корабль, как ангел божий,
Скользил стремительно под сенью белых крыл.

— Какой-то островок чернеет, посмотрите!
— Цитера, из стиха кочующая в стих,
Испытанный Эдем для вдов и холостых...
— Печальная земля, что там ни говорите.

— Земля, где круглый год восторг и кутерьма:
Венеры бойкие подручные и сваты,
Здесь бродят день и ночь над морем ароматы,
Способные свести любую плоть с ума.

Блаженная земля, мечта любой эпохи,
Где не найти иных, кроме любовных, драм,
Куда ни бросишь взгляд — как сладкий фимиам,
Плывут среди цветов томительные вздохи

Сердец — и нет важней и неотложней дел...
— Цитера — камень скал в скопленьи бестолковом,
Где бесится вода с визжанием и рёвом,
Где нечто странное я мельком разглядел.

Нет, это не был храм, где маленькая жрица,
Как всякое дитя беспечна и легка,
Живя среди цветов, проводит жизнь цветка,
Хоть смутной нежностью душа уже томится:

На полной скорости мы в бухту ворвались,
Оснасткой стаи птиц сгоняя то и дело,
И виселица вдруг взметнулась ошалело
В лазурь небесную, как чёрный кипарис.

Десятки хищных птиц, не разбирая чина,
Вертелись колесом, чтоб улучив момент,
Вогнать с размаху клюв, как некий инструмент,
В заветный уголок созревшей мертвечины.

Из выклеванных глаз сочился липкий гной,
Из брюха до колен пучки кишок торчали,
И был разделан пах лихими палачами
По всем законом их фантазии больной.

У ног несчастного, невесть откуда родом,
Вертелся хоровод голодного зверья,
Как между присными верховный судия,
Огромный зверь бродил – и правил этим сбродом.

Цитеры бедный сын! Под сенью голубой
Покорно ты терпел все эти оскорбленья,
С достоинством неся повторно искупленье
Грехов, уже сполна оплаченных тобой.

Смешное пугало! Во всём разнообразном
Обилии живых я не нашёл души
Роднее, чем твоя, и горло мне душил
Поток забытых мук неодолимым спазмом.

Я, затаивши дух и внутренно стеня,
Следил, как со зверьём вели свою игру вы,
И снова чувствовал и челюсти, и клювы,
Прилежно некогда терзавшие меня.

И небо, и волна – всё нежилось в покое,
Но в золотых лучах проблёскивали кровь
И чернь, и для меня мир оказался вновь,
Как саваном, покрыт разбуженной тоскою.

На острове любви! Средь голубых зыбей
Я встретил двойника, души прогнившей эхо!
О, Боже! Дай мне сил без ярости и смеха
И созерцать себя — и думать о себе.

АРТЮР РЕМБО

РОМАН

1.

Тебе семнадцать лет, ты мил – не без рисовки,
И в мыслях кавардак, но так они легки,
В руке стакан, и в нём вскипают пузырьки
Пьянящей, как вино, обычной газировки.

Галдят прохожие, фиакры дребезжат,
В душе смешение восторга и покоя,
Чем гуще сумерки, тем гуще аромат
Фиалок, резеды, лаванды и левкоя.

2.

Под липами – теней болтливых череда,
А в контражуре крон в изящной окантовке
Переливается хрустальная звезда,
Мизерная – в размер булавочной головки.

Какая ночь! Восторг! Взмыть – и на всех парах
Лететь в беспамятстве, – зачем, куда – не зная,
И робкий поцелуй трепещет на губах
Как нежный ветерок, как бабочка ночная.

3.

Но в зыбких сумерках большого полусна,
Возвышенней всех чар и всех фантазий краше,
При свете фонарей является она,
Как ангельская тень сурового папаши.

И, мимо проходя, она бросает взгляд,
Который наповал сразить бы мог любого…
О бешеная ночь! О страсти сладкий яд!
Пропали вдруг слова… но что такое слово?

4.

Ты без ума влюблён. Ты потерял лицо.
Забросил всех друзей и всех подружек разом,
И вот – какой кошмар – приходит письмецо
В ответ на все твои – с решительным отказом.

Но не стреляться же. Ты выберешься в свет,
В излюбленном кафе закажешь газировки,
Ты весел, деятелен, мил – не без рисовки,
Таков же, как и все в твои семнадцать лет.

22.08.2018

БАЛ ПОВЕШЕННЫХ

Вдоль провисшей чёрной жерди
На цепях закреплены,
Пляшут бесы, пляшут черти,
Пляшут дети сатаны.

Маэстро Вельзевул, известный кукловод,
Играя нитками, вертит своих вассалов,
И те копируют то польку, то гавот,
Под аккомпанемент рождественских хоралов.

И скачут плясуны отнюдь не наобум —
Безносая мадам едва зависла раком,
Как сзади к ней пристал обглоданный горбун
И пользует её учтиво и со смаком.

Гоп! Ну-ка врежь, братва! Не стешешь каблуки.
Волчком вокруг осей знай вертятся засранцы.
Ура! Сошли с ума бесовские смычки,
И не понять уже здесь свалка или танцы.

На лысины метель шапчонки намела,
Увидь их кардинал, пришёл бы он в смятенье,
Им пляшется легко, они полутела,
А может быть, уже и вовсе полутени.

И вороны, обсев пустые черепа,
Под ветром вьются, как нашлемные султаны,
И кажется впотьмах — античная толпа
Идёт громить дома с подначки или спьяну.

Ура! Метель даёт просраться говнюкам,
Мешая лязг цепей с ликующим органом,
И муторно в лесу рыдающим волкам,

И холодно в домах притихшим горожанам.

Но что ни говори, проказники ловки:
В пылу прыжков, бросков и групповой чечётки
Любезных сердцу дам ласкают позвонки,
Перебирая их, как верующий – чётки.

И вот один дохляк, решившись наконец,
Являя образец проворства и сноровки,
Рванул – и на дыбы взвился, как жеребец,
Но чувствуя сопротивление верёвки,

Задёргался и сник и, падая с небес,
С размаху угодил в серёдку хоровода.
Свободы захотел? Иди пляши, балбес,
Цепь и верёвка – вот и вся твоя свобода.

Вдоль провисшей чёрной жерди
На цепях закреплены,
Пляшут бесы, пляшут черти,
Пляшут дети сатаны.

ОФЕЛИЯ

1

По сумрачным рекам в ночной темноте
Кружит, доверяясь капризам потока,
Офелия – лилия в белой фате...
Охотничий слышится рог издалека.

Бедняжка в течение тысячи лет
Поет в выраженье томительной муки.
Красивые песни, но смысла в них нет,
Одни только звуки, печальные звуки.

Волна, украшая болезненный лик,
Фату уложила венцом прихотливым,
Склоняется к ней с поцелуем тростник
И плачут по ней прибережные ивы.

И если случайно она заплыла
В ольшаник и вызвала в птицах смятенье,
То в каждом испуганном взмахе крыла
Ей слышится звонкое звездное пенье.

2

Офелия, ты не по-детски мудра.
Земле предпочтя эти зыбкие воды:
Навечно с предгорий норвежских ветра
Тебя обучили дыханью свободы.

И ты изощрила младенческий слух
И вслушиваться никогда не устала б
В таинственный голос – единственно глух
Не слышащий гимнов природы и жалоб.

Но хрупкость твоя выше всяческих мер,
И что-то в груди обломилось, не так ли,
Когда твой душевнобольной кавалер
У ног твоих сел накануне спектакля.

– Так в собственном пламени гибнет свеча,
Так сердце сжигает простая сердечность,
Так слепнет рассудок, когда сгоряча
Позволит себе заглянуть в бесконечность.

3

И вот, говорят, в заповедные кущи
Ты ходишь цветы собирать в темноте,
И видели даже однажды плывущей
Офелию – лилию в белой фате.

ПЬЯНЫЙ КОРАБЛЬ

Несла меня вода неведомой реки
Неведомо куда – я был один, без свиты:
Команда разбрелась моя, а бурлаки
Индейской сволочью все были перебиты.

Я вглядывался в даль, и даль меня манила.
Голландское зерно, английское руно,
Китайский терпкий чай – всё это в трюмах гнило,
Мне было наплевать, мне было всё равно.

И были дни мои мгновенны иль длинны, –
Я не сверял часов, не мерил расстоянья,
Мятущейся души и вспененной волны
Так хаотичны, так похожи состоянья.

Я попросту пьянел от кисло-сладких брызг.
Пытая матерьял моих бортов и днища,
Нежнейшая вода рули сломала вдрызг,
Смыв с палубы следы блевоты и винища.

И тут открылись мне чудесные пространства,
Где воздух напоён астральным молоком,
И где утопленник, как символ постоянства,
Мне собеседником стал и проводником.

Где небо то черно, а то красно, как кровь,
То вспыхнет яростно, то тлеет вполнакала,
То вдруг в мозги, как спирт, шарахает любовь,
Забытая на дне вчерашнего бокала.

То вьются молнии в делириозной пляске,
То ангельской зари восходит благодать,
То гаснет свет и звук, и истлевают краски...
Я видел многое, что вам – не увидать.

Я видел как среди вращающихся туч,
Чья мрачная игра и смелого б смутила,
Метался смутный диск и гас последний луч…
Короче говоря, я видел смерть светила.

Я грезил о снегах – меня ласкали воды,
Красавица-волна во вспененной фате,
Тогда как две струи, две силы, две свободы –
Лазурь и желтизна – мне пели в пустоте.

Когда ж я день за днём был страхом обуян,
Поскольку шли вразнос и силы, и стихии,
Представить мог ли я, что даже океан
Послушен, как дитя, заступнице Марии?

Немыслимых Флорид мелькали вереницы
Глазницами пантер – без счёту, без конца,
И радуги в руках небесного возницы
Смиряли океан, как вожжи – жеребца.

И краем зрения я видел даже, как
Левиафанов труп гниёт среди болота,
Как разверзается пучин стоглазый мрак
И гибнут острова в кругах водоворота.

Я это наблюдал, от робости немея…
В зловонных сумерках глаз схватывал едва
Гигантские леса, где на деревьях змеи
Качались медленно, как жирная листва.

Я б детям показал прелестнейших дорад,
Но путешествовал один на сотни миль я…
– Так, солнцем осиян, я мчался наугад,
И ветер мне дарил божественные крылья.

Но обручи широт сжимали грудь стихии,
И океан вскипал, и рвался из границ,
И он мне песни пел, он песни пел такие,
Что молча я бледнел и в страхе падал ниц.

...Так я таранил синь и моря, и небес,
Плавучий мусорник, загаженный скворечник
Всех принимал, и я имел солидный вес
В кругу моих друзей, утопленников здешних.

Я сам был не жилец, хотя и не покойник,
Не принятый водой отпущенник земли,
И ни крутой купец, ни бешеный разбойник
За мною бы вовек угнаться не смогли.

Иначе говоря, и чёрт мне был не брат,
Не поменялся б я и с герцогом ролями,
Покрытый лишаём от головы до пят,
Измазанный зари лиловыми соплями,

Я пил ультрамарин текучего пространства,
И жадная гортань моя была крепка,
Я пил и пил – и всё не мог устать от пьянства,
Пока меня несла дурацкая доска.

Но что-то всё-таки произошло со мной,
Я жаждал бурь и гроз, но втайне почему-то
Всё чаще вспоминал и материк родной,
И тихое тепло домашнего уюта.

О, страшный Млечный Путь! Ты стал моим путём,
Куда б моя судьба меня ни заносила,
Не в немоте ль твоей, не в сумраке ль твоём
Сокрыт грядущий Рай и будущая Сила?

Пустое, хватит слёз. Вернуться ли на сушу,
Продолжить плаванье? Не правда ли, смешно, –

Когда любовь и та не возвышает душу,
Куда же дальше плыть? Да разве что на дно.

И если бы вопрос передо мной возник,
То мне в Европе бы вполне хватило лужи,
В которой мальчуган, мой призрачный двойник,
Пускает лодочку и ёжится от стужи.

Мне надоела гладь бескрайнего простора,
Где пляшут паруса военных удальцов,
И тусклые глаза плавучего затвора,
И яркие флажки осанистых купцов.

ПОЛЬ ВЕРЛЕН

МАНДОЛИНЫ

Подымаясь, серенады
Увязают в чёрных кронах,
А под ними вздохи, взгляды
Да невнятица влюблённых.

И в ночи, безумно пряной,
В упоеньи сладкой лени
Донны Анны, Дон Жуана
Бродят между ними тени.

Курток блёстки, блеск запястий,
Платьев дивные расцветы,
Элегантность, нежность, счастье,
Голубые силуэты.

Вьются всё, неутомимы,
Розовой луны капризы...
И стрекочут мандолины,
И вздыхают волны бриза.

******

Ветер тоненькой скрипочкой пилит,
Грудь печалью пронзает навылет.

Что-то пело, звенело, смеялось —
Что-то важное не состоялось.

И летим ни живы, ни мертвы
Средь такой же опавшей листвы.

ОСЕННЯЯ ПЕСНЯ

Скрипок осенних
Долгие звуки,
В переплетеньях
Страсти и муки
Всё, что губило,
Что вдохновляло,
Ушло, уплыло,
Навек увяло.

Темень густая,
Да скрипки в ветре,
Да жизнь пустая,
Как эти ветви.

******

Зари безыскусный
Опальный венец –
В полях бродит грустный
Закатный багрец.

В полях бродит грустный
Для грустных сердец
Певец златоустый –
Закатный багрец.

Ночные химеры
Взломали ларец:
Кружат кавалеры
И дамы сердец…

Намаясь без меры,
Уснут, наконец,
Как странный багрец
На отмели серой.

КАЛЕЙДОСКОП

Приснилось, может, мне, а может быть, когда-то
По этой улице бродил и вправду я.
Расплывчатая грань мечты и бытия...
О, солнца зыбкий шар сквозь сумерки заката!

О, голос средь морей, в лесах зазывный крик!
Словно годами спишь, и мысль питают грёзы,
Но просыпаешься – и вмиг острее проза
Обыденных вещей, к которым так привык.

Вдоль этой улицы таинственно и чинно
На окнах кабаков сидят коты, и джаз
Истрёпанный орган пускает живо в пляс,
Опутывая ночь мелодий серпантином.

Так это тягостно, как будто смерть близка:
Потоки слёз из глаз, умильных и тревожных,
Смех истерический и плач колёс дорожных,
И воплей жалобных смертельная тоска.

Ободранный букет осточертевших шуток,
Гулянья за углом, дерущий уши рёв,
А на панели – скоп бесстыдствующих вдов,
Крестьянок, шляющихся между проституток,

Прыщавых сопляков, хохочущих навзрыд,
И старцев немощных и похотливых рати,
Тогда как в двух шагах, в клозетном аромате,
Народный бал вовсю петардами гремит.

Так странно, словно спишь, проснёшься чуть – и нежно
Тебя окатит сон прозрачною волной,
И вновь исчезнет всё. С тобой лишь летний зной,
Волнистый гул пчелы да шум травы прибрежной.

******

С воспоминаньем полумрак летучий
Дрожит в зыби, когда небесный зной
Надежда, опускаясь круче, круче
Сиреневой скрывает синевой.

Цветы стоят таинственной стеной —
Тюльпаны, лилии, жасмины, вьюн ползучий —
И аромат, болезненный и жгучий,
Витает над оградой кружевной
И сладкий яд горячею волной…

Тюльпаны, лилии, жасмины, вьюн ползучий —
Терзает чувства, жжёт рассудок мой,
Смешав в беспамятстве над сникшею землёй
С воспоминаньем полумрак летучий.

ЛУННЫЙ СВЕТ

Твоя душа — таинственная даль,
Где пляшут маски средь садов пространных
Под звоны лютней — и скользит печаль
Сквозь ткань одежд — изысканных, но странных.

О счастье жизни, о любви поют,
Но, кажется, не веря в счастье это,
И звуки в сумрак словно слёзы льют,
Мешая песню с грустным лунным светом.

С прозрачным светом молодой луны,
И грезят онемевшие платаны,
И горько плачут, от тоски пьяны,
Одеты в мрамор, стройные фонтаны.

КОНСТАНТЫ ИЛЬДЕФОНС ГАЛЧИНЬСКИЙ

ИНТЕЛЛИГЕНЦИЯ

Не живём, а скорей кочуем,
Стали нервными, злыми и тощими,
Где придётся, там и ночуем
С патефонами, жёнами, тёщами.

Не про нас эти все новостройки,
И прогресс, и прирост населения —
Не про нас, ввиду истребления
Нас, как прослойки.

Чем питаемся, чем мы дышим,
Увязаем в какой борьбе?
И печальные письма пишем,
Похоже, самим себе.

ЗАМЕЧАНИЯ О НЕУДАВШЕМСЯ ГОВЕНЬЕ ПАРИЖСКОМ

1

Земля и небо прейдут, но слова…
Сердце вселенной на части разъято,
тянет последний паук кружева.
Ванитас ванитатум —

под отголоски далёких громов
в уличной щели, в провале, в пучине
меж двух стоящих напротив домов
кружит последний паук в паутине.

О если б только укрыться от сих
тучных базаров, гудящих страстями,
трусов роскошных и наглых трусих:
завтра-то, миленький, что будет с нами?

В небо уставился смятый, как лист,
карлик, на музыке греющий руки;
с ним ещё двое в толпе – аферист
и осуждённый на вечные муки.

2

Сердце моё плывёт в небе, отныне
красное, как шутовская рубаха,
кружит последний паук в паутине,
амуры, розовые, как на картине,
что-то поют из хорального Баха.

Так сердца польского жаль ангелятам.
Улица на побережье горбатом
скручивается в завиток.

Сердце на небе, луна под рукою,
ложь, заблуждение, скука с тоскою —
слева запад, справа восток.

3

Ах, что за ночь, на небесном подворье
смута, и город задублен, как шкура,
и стародавен он, как партитура,
найденная на дне моря.

Я же был, как сумасшедший, расценен,
связанный, выл: Месяц! Там, над домами!

....

Точно такою же ночью Есенин
плакал, взывая о помощи к маме.

4

Земля и небо прейдут, но слова…
Сердце вселенной на части разъято,
тянет последний паук кружева.
Ванитас ванитатум —

стих — перегной, истлевающий в грядке
ради пропоя или прокорма:
жизнь долга, а искусство кратко.
Такова норма.

Что же тогда останется? Ночь,
ложь, на поверку почти безупречна —
совиноглазая, зеленоглазая ночь.
Ночь, которая вечна.

(С гитарой в руке, и представшая чудом
в контражуре лунной дорожки.
Хочу одного только:
быть изумрудом в её серёжке).

5

Париж. И ночь. И Нотр-Дам,
и ветр. И одинокий, к Вам,
мой плач, пречистая Мадонна.

И зыбок редкий звёздный свет,
и мне ни чём спасенья нет,
ибо печаль моя бездонна.

6

Молился так:

Прошу Матерь Божью — в случае последней катастрофы —
превратить   меня   в   небольшой   барельеф   века,
представляющий «Даниила в яме со львами»;

чтобы в любое время готов был я расстаться с неким
абажуром, на котором изображена бессмысленная рыба.

УЛИЦА ШАРЛАТАНОВ

Шарлатаны – кто их любит? Эко диво
Да и проку ли разумным в шарлатанстве
Всё у них не по закону – косо криво
В богохульстве погрязают Даже в пьянстве

Говорят их изумрудные скрижали
Некрещёных кровью писаны младенцев
Никогда ничьих богов не уважали
Отчего в разряд попали отщепенцев

Сочиняют несуразности о Папах
Не желают жить заботами о хлебе
Плачут окна в дождевых густых накрапах
Плачут звёзды заблудившиеся в небе

И когда ущербный месяц замаячит
Шарлатаны с отрешёнными глазами
Неумеренно пьют горькую и плачут
Горько плачут изумрудными слезами...

От вина бежит мороз по коже
Дождь в оконца сеет мелкой дробью
Ты прости их – безрассудных – Боже
Как-никак они Твои подобья

ЗАЧАРОВАННЫЕ ДРОЖКИ

1

Allegro

Не совру – между нами, –
Побожиться мне, что ли? –
Было в той телеграмме
Шесть словечек – не боле:
ЗАЧАРОВАННЫЕ ДРОЖКИ
ЗАЧАРОВАННЫЙ КУЧЕР
ЗАЧАРОВАННЫЙ КОНЬ

Если верить Бен Али –
Чёрных магий магистру,
Это сложно едва ли, –
Очень просто и быстро
Это сделать посредством
Специфической брошки –
Человека и дрожки
Много раз чаровали,
А вот лошадь? – едва ли
Стоит мучиться даром,
Ибо лошади вовсе
Нечувствительны к чарам.
– Память так же надёжна,
Как дырявая губка,
И шепчу осторожно
В телефонную трубку:
– Так ли, пане Бен Али?
В трубке голос сердитый:
– Кто такой? Да иди ты...
Мы не мелкие сошки,
Нам что кучер, что дрожки,
А вот лошадь – едва ли

Стоит мучиться даром,
Ибо лошади вовсе
Нечувствительны к чарам.

Вот поистине драма —
Вышло, врёт телеграмма?
Разве это возможно?
…Ночь темна безнадёжно.
ЗАЧАРОВАННЫЕ ДРОЖКИ?
ЗАЧАРОВАННЫЙ КУЧЕР?
ЗАЧАРОВАННЫЙ КОНЬ?

Как печально, однако,
Душу выскребли кошки,
Отдыхающий Краков
Серебрится в окошке.
Может, сам вызвал дрожки,
Да не помню про это,
Ибо память поэта
Как дырявая губка.
Всё так зыбко и хрупко,
Месяц розов и тонок,
Звёзды вьются, как мошки,
Кучер спит, как ребёнок,
Всех нас зачаровали
Ветер, ночь и Бен Али.
ЗАЧАРОВАННЫЕ ДРОЖКИ
ЗАЧАРОВАННЫЙ КУЧЕР
ЗАЧАРОВАННЫЙ КОНЬ

2

Allegro sostenuto

От Венецианской и до Суконных Рядов
По самому спящему из городов,
Принадлежащему всем сразу культурам,

Меня провожали Рональд с Артуром.
И растекалось опьяняюще и легко
Краковской ночи тёмное молоко,
И много чего содержал
Млечный путь отмеряющий Краков:

3

Allegretto

Ночные ВИДЕНИЯ СПЯЩИХ ПОЛЯКОВ
Ночные КУРСЫ ЭСПЕРАНТО И СТЕНОГРАФИИ
Ночные ПОСОБИЯ ПО ИСТОРИИ И ГЕОГРАФИИ
Ночные СЕАНСЫ В НОЧНОМ КИНО
Ночные МОЖНО И ЗАПРЕЩЕНО

Ночные ПЕРВОЙ ЛЮБВИ АВАНСЫ
Ночные В ЧЬЁМ-ТО ОКНЕ РОМАНСЫ

Ночную РАДОСТЬ ночную СКУКУ
Ночную В ЧЬЁМ-ТО ПОДЪЕЗДЕ СУКУ

Ночные ПЕСНИ ночные ПЛЯСКИ
Ночные ДЛЯ ИДИОТОВ СКАЗКИ
...Так мы втроём нализались к утру
Вечною ночью на вечном ветру.

4

Allegro ma non troppo

У «Чёрного негра» опять остановка
(Какая там, братцы, внутри обстановка!)
И вдруг – не поверите – между домами,
Как сказано в той роковой телеграмме,
ЗАЧАРОВАННЫЕ ДРОЖКИ
ЗАЧАРОВАННЫЙ КУЧЕР

ЗАЧАРОВАННЫЙ КОНЬ

И всё так реально, и даже притом
Реальная лошадь с реальным хвостом.

5

Allegro cantabile

Конь встрепенётся, и дрожки помчатся,
В дрожках красавица едет венчаться,
Нежно она притулилась бочком
Рядом с видавшим моря морячком.
Но моряка привлекают моря,
Сердца бывалого дева не тронет,
В море уйдёт он и в море утонет —
Так что он, может, и женится зря.

И были недолгими вдовьи деньки —
Она умерла от любви и тоски.
Но всё же любовь есть великая сила,
Она после смерти их соединила.

И вот по разъезженной насмерть дорожке
За город летят ошалевшие дрожки,
Где в ветхой церквушке без спешки и денег
Дрожащим двуперстием ветхий священник
Наружности ветхой и в ветхом пальто
Венчает их... Если бы знали, на что.

Без пожатья, без словечка
Радость с грустью сплетена,
И уже чадит, как свечка,
Еле видная луна.
Можно мир окинуть взором,
Всё изменчиво вокруг,
И тревожно так — а вдруг

Всё окажется полным вздором
In secula seculatorum?

6

Allegro furioso alla polacca

А в извозчичьем трактире,
Самом славном в целом мире,
Брызжет вальс «Весёлый слон»,
Топот ног, посуды звон
И словесная окрошка.
Достославный пан Оношко,
Отряхая кудри с плеч,
Вот такую держит речь,
Преисполненную смысла:
— До тех пор, покуда Висла
В верном русле будет течь —
Нет, друзья, скажу вам больше —
До тех пор, покуда в Польше,
Самом главном, самом древнем
Государстве на Земле,
Хоть в местечке, хоть в деревне,
Или, скажем так, в селе,
В кузнях не переведутся
По железу мастера,
А на воле кучера,
Верьте мне, всегда найдутся
И к чему-нибудь придутся
ЗАЧАРОВАННЫЕ ДРОЖКИ
ЗАЧАРОВАННЫЙ КУЧЕР
ЗАЧАРОВАННЫЙ КОНЬ

СМЕРТЬ АНДЕРСЕНА

1

УНЫЛАЯ ПОРА, ОЧЕЙ ОЧАРОВАНЬЕ,
ПРИЯТНА МНЕ ТВОЯ ПРОЩАЛЬНАЯ КРАСА
А я, прислонившись к стене,
Наблюдаю за тем,
Как за окном
Проявляется на манер фотографии осень.
Осыпается каштан,
Лето покидает землю как Тезей Ариадну
На острове Наксос:
Всё должно быть готово к восходу вечерней звезды.
Скорее, скорей –
Небо уже начинает казаться бездной.
Директор телеграфирует:
– Друг любезный,
А не мог ли бы ты настрочить нам пьеску
Где-нибудь к четвергу?
Поменьше там философии,
Побольше динамики и соплей
И чтобы сюжетец этакий заводной?
- Не могу,
Хоть убей,
Не могу, не могу, родной.
Будь я в твоих глазах хоть последний мерзавец,
Но Евтерпа есть муза, а не механический заяц,
Да и каждому фрукту нужно время для созреванья.
Медленно падают листья, без смысла красив их танец...
УНЫЛАЯ ПОРА, ОЧЕЙ ОЧАРОВАНЬЕ

2

Не идёт сегодня работа. Ярюсь, матерюсь – а проку?
Надо же было придумать на горе себе мороку.
Перебираю заметки –
Есть там и едки, и метки,
Много её накопилось, воспоминаний трухи.
…Не из воспоминаний, из жизни родятся стихи.

3

Осени морда лисья,
Мысли – куда от них - мысли,
Падают в Вислу листья,
Тихо плывут по Висле –
Вода пестрым пестра,
Да грустно ликованье
УНЫЛАЯ ПОРА,
ОЧЕЙ ОЧАРОВАНЬЕ

4

Время проходит – и ладно,
Всё-то новое старо,
Мы с тобой дивная пара –
Бахус и Ариадна.
Падают, падают листья с каштана
Долго, томительно, неустанно
На тротуар,
На грузовик,
Прилепившийся к тротуару,
И шофёр, почтенный старик,
Много чего повидавший на свете,
Читает в вечерней газете
Со слезами –
ГАНС ХРИСТИАН АНДЕРСЕН УМЕР В КОПЕНГАГЕНЕ

5

Если б у меня был ключ к часовому механизму эпох,
Я заводил бы их,
Как часовщик заводит куранты с боем,
И узнал бы, каким было небо,
Когда в Копенгагене умолк Ганс Христиан,
А когда к его умирающим губам поднесли зеркальце,
То на нем отпечатались призраки последних коня и эльфа.

Я знаю из опыта - наша эпоха
Не время для чувственного пустобрёха,
Что не к современному тыну лирическое мочало,
И что старое истребляется мало-помалу.
Но есть ещё улица – пусть уже не страна –
Где над крышами круглые сутки луна,
Где поэты предаются изысканному безделью,
И ангел-хранитель дежурит над детской постелью.
(Ангел-хранитель – смотри на букву А: крылатый парень,
Сердце модели 1900 г. Филантропия.
Смотри также: «Экзотика», «Авантюра», «Искусство»,
«Дураковалянье», «Наука»,
И рождественский снег, и гавот кавалера Глюка).

6

УНЫЛАЯ ПОРА, ОЧЕЙ ОЧАРО... Вот,
Могли б сходить в кино. Однако же постой,
Ведь это тот гавот,
Строфа, как золото на золотом каштане,
Прозрачней, чем алмаз, чем детская слеза –
Меня преследует уже который год
Своей искусностью, своею простотой,
Которые легко уносят в небеса,
Здесь явно речь идет о хитром волхованье
УНЫЛАЯ ПОРА, ОЧЕЙ ОЧАРОВАНЬЕ...
В БАГРЕЦ И ЗОЛОТО ОДЕТЫЕ ЛЕСА

А Копенгаген, милая пани,
Представим себе, тонул в тумане,
Тёмные тучи клубились на фоне вечерней зари,
Ветер кроны трепал и гасил фонари,
Люди спешили в укрытье от стужи дрожа,
А из окошка первого этажа
Доносился запах лекарств, а это не звук фортепьяно,
Вы же помните название? —
Смерть Андерсена. Ганса смерть. Христиана.

Вот, ушел непонятный, да и как тебя людям понять,
Был ли ты человек или тень на прозрачном экране —
Остаётся как есть эту данность покорно принять:
(УНЫЛАЯ ПОРА, ОЧЕЙ ОЧАРОВАНЬЕ…)
На природу и общество мы ведь особо не ропщем
Хоть и малоприятно себя ощущать дураками —
Из интимного дело искусства стало всеобщим:
Дети и гномы громко стучат каблуками.

7

Насилует медь в честь большого кого-то
Оркестр военно-морского флота.

Пахарь пашет, вор ворует,
Столяр доски полирует.

Столяр-умелец за жалкие крохи
Осуществляет проект грандиозный —
Ладит карету для грядущей эпохи,
Может быть, доброй, а, может, и грозной.

Столяр, ты в минуту эту
Уподобился поэту.

Музыка ж радует мир красотой,
Лабух – он тоже мужик непростой.

С самого детства приучен труду –
Бухает в бубен и дует в дуду.

И все они вместе безудержно рады
В великое дело посильному вкладу.

Но всё это глупость, и скука, и пена
Без скромного – ясно ведь – вклада Шопена.

Но каждый делает то, что он может:
Бухгалтер приходы-расходы итожит,

Строитель зданье строит,
Могильщик землю роет,

Солдаты ждут войны,
Портняжка шьёт штаны.

Пряха что-то там прядёт,
Машинист состав ведёт

Мимо фабрик и жнивья
В благодатные края,

И манит его туда
Путеводная звезда.

Там места нет нужде жестокой,
Там правят Мир, der Friede, Pokój.

У всех историй там счастливая развязка.
Ах, это чудный мир! Поскольку это – Сказка

И больше ничего —
(Скажу вам по секрету,
Искусство – баловство.
В нем тоже правды нету).

К тому же скажу –
Может быть, слишком смело:
Искусство ведь тоже
Коллективное дело.
И как толку нет от единственной строчки,
Так нету в искусстве творца-одиночки,
И есть у него и потомки, и предки,
Он лист – он всегда вырастает на ветке.
И жизнь проводя в неустанной борьбе
Растет из себя – но не сам по себе.

Наступил вечер. Из небесного чрева как из брюха троянского
коня выходят строем звезды
и занимают места в строго установленном порядке.

LARGO

Звёзды октябрьские, звёздная сыпь листопада!
Скоро снежинок зима закружит миллионы,
А по Европе всё еще ходит Помона,
Всё для неё не закончится сбор винограда.
Ветер холодный. Листва почти облетела.
То здесь, то там по утрам появляется иней,
Но нет покоя всеми забытой богине,
Нет ей покоя. Ещё не закончила дело.

Назойливый дождь стучит в беспорядке по крыше,
Туман из садов поднимается выше и выше.

Бренча, грохоча, спотыкаясь о каждый камень
Из-под Щецина на экскурсию едет автобус с учениками.
Солнце проглядывает – уже давно рассвело,
И рыжая панночка лет этак, скажем, восьми,
Вовсе не интересуясь остальными детьми,
Расплющив веснушчатый нос о стекло
С восторгом наблюдает в окне –
Птичью летящую тень на облупленной серой стене.

Как с будущим игра, как с прошлым расставанье –
УНЫЛАЯ ПОРА, ОЧЕЙ ОЧАРОВАНЬЕ

РОМАНС

Медленно в небе плывёт мандолина
Притворившаяся
Луной
И тишина уже кажется песней
О любви немыслимой
Неземной

Внизу тёмный сад в саду скамейка
Над ней мигающая
Звезда
За садом стена
За стеной дорога
Не ведущая
Никуда

СМУТНЫЙ ВЕЧЕР

Мы так на детей повзрослевших похожи
Ты рядом – и прочее кается вздором
И бог на нас смотрит как зритель из ложи
Не знаю с сочувствием или с укором

Луна в небесах как фальшивая брошка
В кривых переулках и душно и пыльно
И долгую песню выводит гармошка
Про большую печаль в малом городе Вильно

ЦИПРИАН КАМИЛЬ НОРВИД

МАРИОНЕТКИ

1

Как не грустить мне, когда над планетой
Звёзд разных — со счёту сбиться,
И каждая светит собственным светом,
И всё застыло — и мчится.

2

Земля застыла, застыли эпохи,
Но вечно в работе мгновенье:
Едва поколенье сожрёт до крохи —
На смену — опять поколенье.

3

Как не грустить мне, ведь так места мало
На сцене, где должно толпою
Разыгрывать всякие Идеалы,
За них платясь — головою.

4

Тошно от этой весёленькой дряни,
Будь барышней — лил бы слёзы,
Так как обходиться тут, прошу пани,
Стихи писать или прозу?

5

А может, и вовсе писать не надо,
А просто, дойдя до точки,
Почитывать сказки, что нам в отраду
Кропал Потоп на песочке?

6

Но лучший из способов быть спасённым
От меланхолии вечной, —
Забыть *людей*, а податься к *персонам*,
— Галстук иметь безупречный!..

ТАДЕУШ БОРОВСКИЙ

МЁРТВЫЕ ПОЭТЫ

Вы, расстрелянные и сожжённые,
моей молодости друзья,
и течёт над вами – земля,
и шумят – зелёные кроны.

Обездвиженность и немота,
и обрыв круженья земного:
где взять боль, чтоб мёртвым устам
вернуть дар слова?

Прорастаете нежной травой
и могучими деревами.
Ни к чему ртам, набитым землёй,
играть словами.

Поздно, поздно метаться в заревах грозовых,
заламывая руки-ветви,
ни к чему, окликая живых,
воплощаться в полночном ветре.

Поздно радоваться и горевать ни к чему.
Зажигали каштаны свои негасимые свечи –
отгорело. И теперь сквозь землю, сквозь тьму –
к вам навстречу.

Поздно, поздно. Ложится печаль на уста
и теряют определённость черты,
остаются леса и весёлое пение птах,

и текущие слепо земные пласты.

Замолчать не составит большого труда –
реку времени переходившие вброд,
вот, плывём наконец-то. Зачем, куда?
Вперёд, вперёд.

******

Ни стихи, ни романы,
Лишь дожди да туманы,
Чувств и мыслей смещенье:
Вот оно – возвращенье.

И ни хлеб, и ни водка,
Ни газетная сводка,
Лишь к могиле могила:
Вот – и юность, и сила.

Ни почёт, ни бесславье:
Между бредом и явью
Слишком узкая бровка –
Ночь, бумага, верёвка.

26.04.86

К НЕВЕСТЕ

Небо зашито тёсом, горизонт стеною закрыт,
За колючею проволокой птичье веселье в роще,
Где человеческий пепел день и ночь порошит
Чахлый коврик травы, зелень берёзок тощих.

Образ лета прекрасен. За разноцветной горой
В радужных облаках солнце клонится на запад,
И перелётные птицы в небе кричат порой,
И от полей исходит приятный, здоровый запах.

Мир, как ладонь, раскрыт. За линией оцепленья
Дальний синеет лес, полный пурпурных ягод,
Среди серебристых садов – розовое селенье:
Словно цветные пятна мягко легли на бумагу.

Странная эта любовь. Вот, подхватила, как ветер,
Швырнула в грязный поток: барахтайся и ни гу-гу.
В непроходимом лесу мы заблудились, как дети,
Бедные дети из сказки про злую бабу Ягу.

Что же такое страх и ток боязливой крови
Там, где лишь тьмы молчанье да воющая луна,
Жилы наэлектризованы, кровью пульсирует провод,
И в куче сгорают люди, словно сена копна.

Люди всё прибывают: вагоны, камера, газ.
За воду, за воздух они золотом платят солдатам.
Страшная сказка рождается в нас и около нас.
Поверят ли ей потомки? Поверят ли нам? Куда там.

Вот блок, по края набитый парным человеческим мясом,
Живым человечьим пеплом. Всё общее: миски, нары.
Всё общее: страх, надежда, и дождь, и битьё по мордасам,
Все руки одинаково дрожат над литром отвара.

И вот, певец человека, лежу на нарах в бараке,
В уме мелькают обрывки сказаний, поэм, молитв,
Но тщетно в глазах человека искать хоть подобье знака:
Есть только земля, да лопата, да номер, да супа литр.

Есть всего только тело под полосатой робой,
Да безмятежность неба, высей его бездонных.
Вот, мы пришли чужие с разных концов Европы,
Уходим одной дорогой – к лесу, в страну сожжённых.

Есть только одно тело, странный чужой организм.
Руки к лицу поднесу – нет, не моё как будто.
Раненою канарейкой бьётся во мне лиризм,
И всё куда-то зовёт, всё призывает к чему-то.

Вот флегмона и тиф, камера, газ, и – за теми,
Туда, где огонь и пепел – под ветром растает тело.
Вот – рождается эпос, криком исходит время.
Руки к лицу… и молчу. Такое, Мария, дело.

ЛЮДИ, КОТОРЫЕ ШЛИ

Первым делом устроили на пустыре за больничными бараками футбольное поле. Пустырь располагался "удачно" — слева цыганский с его бродячей детворой, женщинами, вечно сидящими в уборных, и красавчиками, с иголочки франтовитыми флегерами, сзади проволока, за ней перрон, широкие железнодорожные насыпи, забитые сплошь вагонами, дальше — женский лагерь. Собственно, не лагерь, а лагеря, но так не говорилось. Говорилось ФКЛ — и довольно. Справа от поля были крематории, один за путями, возле ФКЛ-у, другой поближе, у самой проволоки. Массивные здания, мощно вросшие в землю. За крематориями лесок, в глубине его — белый домик.

Строили стадион весной и еще до его окончания стали сеять под окнами цветы и выкладывать вдоль бараков красные дорожки из толченого кирпича. Сеяли шпинат и салат, чеснок и подсолнухи. Устраивали газоны из дерна, снятого вокруг футбольного поля. Поливалось все это ежедневно водой, привозимой в бочках из лагерной умывальни.

Когда поливные цветы подросли, закончили строить поле. Теперь цветы росли сами по себе, больные лежали в постелях сами по себе, а мы играли в футбол. Каждый день после раздачи вечерних порций на поле приходил, кто хотел и гонял мяч. Иные шли к проволоке и через насыпи беседовали с ФКЛ.

Как-то я стоял на воротах. Было воскресенье, флегера и выздоравливающие живо толпились вокруг поля, где игроки скорее гонялись друг за другом, чем за мячом. Стоял на воротах, спиной к перрону. Мяч улетел в аут, под самую проволоку. Побежал за ним. Поднял его с земли и увидел перрон.

Там только что остановился поезд. Из товарных вагонов начали высаживаться люди, шли по направлению к лесу. Издали видны были только пятна платьев. Судя по всему, женщины были одеты по летнему, первый раз в этом сезоне, мужчины сняли пиджаки, ярко выделялись белые их рубашки. Медленно двигалось шествие, к которому все прибавлялись новые люди из вагонов, потом остановилось, люди сели на траве и стали смотреть в нашу сторону. Вернулся с мячом и выбил его в поле. Мяч поплутал в ногах у игроков и по дуге вернулся к моим воротам. Выбил его на угловой. Он покатился по траве. Снова пошел за ним. И, поднимаясь от земли, застыл: перрон был пуст. Не осталось на нем ни одного человека из цветастой летней толпы. Вагоны тоже отошли. Хорошо видны были блоки ФКЛ-у. Под проволокой снова стояли флегера и криками приветствовали девушек из ФКЛ, которые, по другую сторону путей, отзывались тоже криком.

Вернулся с мячом и подал его на угол. Между двумя угловыми за моей спиной удушили три тысячи человек.

Потом люди стали идти двумя дорогами к лесу: прямой с перрона и другой, с тыла нашего госпиталя. Обе вели в крематорий, но некоторым выпало счастье идти дальше, до самой зауны, которая для них означала не только баню и травлю вшей, стрижку и новое, с полосами масляной краски, тряпье, но еще и жизнь. Конечно, жизнь в лагере, но — жизнь.

Когда вставал утром, чтобы мыть полы, люди шли — и той, и другой дорогой. Женщины, мужчины, дети. И несли пожитки.

Когда садился за обед, лучший, чем имел бы дома, люди шли — и той, и другой дорогой. В блоке было много солнца. Открыли настежь окна и двери, набрызгали воды на пол, чтобы не было пыли. После полудня со склада приносили посылки, привезенные еще утром с главной почты, из лагеря. Писарь разносил письма. Доктора делали перевязки, уколы и пункции, имея по одному шприцу на целый блок. В вечерний теплый час садился в дверях блока и читал "Мон фрер Ив" Пьера Лоти, а люди шли и шли — и той, и другой дорогой.

Выходил ночью из блока — в темноте светились лампы над проволокой. Дорога лежала во мраке, но слышен был отчетливо отдаленный говор тысяч голосов: люди шли и шли. Над лесом поднимался огонь и озарял небо, вместе с огнем поднимался человеческий крик.

Смотрел в глубь ночи, отупевший, без слова, без движения, тело внутри билось и дрожало само по себе. Не владел уже им, хотя чувствовал малейшее его подергивание. Был совершенно спокоен, но тело протестовало.

Вскоре после этого вернулся из госпиталя в лагерь. Дни были полны великих событий. На побережье Франции высадились войска союзников. Рушился русский фронт, подкатывался к самой Варшаве.

У нас же день и ночь стояли на станции ряды составов, набитых людьми. Открывались вагоны, и люди начинали идти — и той, и другой дорогой.

Сбоку от нашего рабочего лагеря был незаселенный и недостроенный сектор Ц. Готовы были только бараки и проволочные заграждения, по которым бежал электрический ток. Но не было еще толя на крышах, в некоторых блоках не было нар. При трехэтажных нарах конские блоки Биркенау могли вместить до пятисот человек. В блоках сектора Ц помещалось по тысяче и более молодых женщин, отобранных из тех людей, которые шли. Женщины обриты наголо, одеты в летние платья без рукавов. Ни ложки, ни миски, ни лоскута прикрыть тело.

Биркенау лежал на болотах в подножье гор. Днем они хорошо были видны в прозрачном воздухе. По утрам тонули во мраке и казались заиндевелыми, потому что необычайно холодная и туманными были утра. Нам они придавали бодрости перед знойным днем, но женщины, стоящие в двадцати шагах направо на апеле с пяти утра, синели от холода и жались друг к дружке, как куропатки в стае.

Звали их лагерь Персидским Базаром. В ясные дни женщины выходили из блоков и толпились на широкой дороге между ними. Разноцветные летние платья, цветные косынки, покрывавшие обритые головы, производили издалека впечатление яркого, бурливого, шумного рынка. По своей экзотичности — персидского.

Издалека женщины не имели ни лица, ни возраста, только белые пятна, пастельные силуэты.

Персидский Базар не был еще готов. Команда Вагнер строила в нем дороги из камня, который дробили большим катком. Другие возились с канализацией и умывальнями, введенными недавно во всех секторах Биркенау. Третьи клали фундамент под склады лагерного имущества: подвозились одеяла, матрацы, жестяная посуда, все старательно складировалось, поступало в распоряжение шефа, эсэсовца-администратора. Разумеется, часть вещей вместо склада оседала у нас в лагере, разворованная рабочими. Все, что только можно было украсть из всяких там одеял, матрацев, посуды — крали.

Все крыши над будками блоковых на всем Персидском Базаре были покрыты мной и моими товарищами. Делали это не по приказу и не из милосердия. Потому что крыли организованным толем и заливали организованной смолой. Делали это также не из солидарности со старыми номерами, флегерками из ФКЛ-у, исполнявшими тут все функции. За каждый рулон толя, за каждый котел смолы блоковые обязаны заплатить. Капо, командофюреру, проминентам из команды. Заплатить по-всякому: золотом, продовольствием, женщинами из блока, собой. Которая чем.

Точно так же, как мы латали крыши, электрики тянули проводку, столяры ладили будки и оборудование к ним из организованого дерева, приходили каменщики с ворованными железными печками, где надо, делали кладку.

Тогда-то и познакомился я с лицом этого удивительного лагеря. Приходили утром к его воротам, толкая перед собою тележку с толем и смолой. В воротах стояли вахманки, крутобедрые блондинки в сапогах с высокими голенищами. Блондинки обыскивали нас и впускали вовнутрь. Потом сами шли на проверку блоков. Не одна из них имела любовника среди каменщиков и плотников. Отдавались им в недостроенных умывальнях или в будках блоковых.

Мы въезжали вглубь лагеря и на площадке между какими-нибудь блоками разводили огонь и готовили смолу. Женщины толпой обступали нас. Молили о перочинном ножике, носовом платке, ложке, карандаше, клочке бумаги, корсете, куске хлеба.

— Вы же мужчины и можете все,— говорили они.— Так давно живете в лагере и не умерли. Наверно, имеете все. Почему не хотите поделиться с нами?

Раздавали им всякие мелочи, выворачивали карманы в знак того, что роздали все. Снимали с себя рубашки, отдавали. Под конец стали приходить с пустыми карманами и не давали ничего.

Женщины не были одинаковы, как то казалось из нашего сектора в двадцати шагах направо отсюда.

Были среди них маленькие девочки с неостриженными волосами, распатланные херувимы с образа страшного суда. Были молодые девушки, смотрящие с гордостью на женщин вокруг нас и с пренебрежением на нас самих — обросших щетиной, грубых мужчин. Были жены, жалобно просящие весточки о пропавших мужьях, были матери, отыскивающие у нас следы детей.

— Нам так плохо, холодно, мы голодаем,— говорили они.— Но им лучше ли?

— Наверное, лучше, если есть справедливый бог,— отвечали серьезно, без обычных насмешек и издевательств.

— Но они не умерли?— спрашивали женщины, глядя беспокойно в наши глаза.

Молча уходили, нам некогда, нас ждет работа.

Блоковыми на Персидском Базаре были молодые словачки. За плечами у каждой из этих девушек было по паре лет лагеря. Помнили, как зачинался ФКЛ-у, когда женские трупы валялись под каждым блоком, разлагались прямо на постелях в лазарете, а в блоках горами громоздился человеческий кал.

Несмотря на внешнюю резкость, сохранили они женскую мягкость и доброту. Конечно, имели любовников, как другие, и точно так же крали маргарин и консервы, чтобы заплатить за ворованное же одеяло или какое-нибудь платье из эфектов, однако ...

... однако помню Мирку, полную, приветливую девушку в розовом.

Будка ее была изнутри тоже вся розовая, розовые занавески в окне, выходящем на блок. Воздух в будке розовыми отблесками падал на лица, отчего девушка казалась подернутой легкой вуалью. С ней жил еврей с гнилыми зубами — из нашей команды. Еврей покупал для нее свежие яйца, собирая их по всему лагерю, и ловко перебрасывал их через проволоку. Проводил с Миркой долгие часы, невзирая ни на обходы эсэсовок, ни на нашего шефа, который ходил с огромным револьвером, присобаченным к летнему белому мундиру. Шеф по праву носил прозвище Филиппок, ибо вырастал там, где его не сеяли.

Однажды Мирка прибежала под крышу, где мы укладывали толь.

Позвала жестом еврея, крикнула мне:

— Спуститесь! Может, и вы чем-то поможете!

Спустились к дверям блока. Схватила нас за руки и потащила к себе. Провела нас между нарами и, указывая на ворох цветных одеял, на ребенка в этом ворохе, сказала горячо:

— Смотрите, смотрите, она скоро умрет! Скажите, что делать? Почему она заболела так неожиданно?

Дитя спало очень неспокойно, было похоже на розу в золотом ореоле: разгоревшиеся щечки и золотой нимб волос.

— Какое красивое дитя, — прошептал я тихо.

— Красивое! — крикнула Мирка.— Конечно, красивое. Но ведь оно может умереть! Надо спрятать, чтобы не пошло в камеру. Эсэсовка может найти. Помогите мне!

Еврей положил руку ей на плечо. Резко сбросила ее и взвыла. Я пожал плечами и вышел из блока.

Издалека видны были вагоны, ползущие вдоль перрона. Привезли новых людей на смену тем, которые шли. По дороге между секторами возвращалась с перрона группа канады, на смену ей шла навстречу другая. Сел возле котла, где топилась смола, долго мешал ее, думал, неожиданно поймал себя на мысли, что хотел бы иметь такое же дитя — с разрумяненными во сне щеками и растрепанными волосами. Рассмеялся этой нелепице и полез на крышу приколачивать толь.

Помню также другую блоковую, высокую, рыжую девушку с большими стопами и красными ладонями. Не было у нее будки, только пара одеял, разложенных на постели, да пара висящих на веревке вместо стены.

— Пусть не думают,— говорила мне, указывая кивком на женщин, лежащих на нарах голова к голове,— что человек прячется от них. Ничего не могу им дать, но и взять не возьму.

— Веришь в загробную жизнь? — спросила как-то во время шутливого разговора.

— Иногда,— ответил задумчиво.— Поверил один раз в заключении, а другой раз в лагере, когда умирал.

— Если человек сделает зло, то будет наказан, правда?

— Пожалуй, если нет каких-нибудь норм справедливости высших, чем человеческая. Понимаешь, дело тут в обнажении причин, во внутреннем пробуждении, в несоотносимости личной вины с общим смыслом бытия. Может ли преступление, совершенное в замкнутом пространстве, быть наказуемо в бесконечности?

— Ну а по-человечески, нормально?— крикнула она.

— Должно, конечно, быть наказано.

— А ты бы делал добро, если бы мог?

— Не ищу награды. Крою крыши и хочу пережить лагерь.

— И ты думаешь, их,— она кивнула головой в неопределенном направлении,— не нужно наказывать?

— Думаю, что людям, которые страдают от несправедливости, не хватит просто справедливости. Захотят они, чтобы те, виноватые, пострадали от несправедливости тоже. Это и есть справедливость в их глазах.

— Умный ты парень! А супа справедливо раздать не можешь, чтобы не выкроить для своей любовницы,— сказала иронически и пошла вглубь блока. Женщины лежали этажами на нарах, голова к голове, на неподвижных лицах светились большие глаза. В лагере начинался уже голод. Рыжая блоковая лазила по нарам, разговорами отвлекала женщин от размышлений. Согнала с нар певиц и приказала петь, согнала танцорок и приказала танцевать, согнала чтиц и приказала декламировать стихи.

— Постоянно допытываются у меня, где их матери, отцы. Просят, чтобы дала возможность им написать,

— У меня тоже спрашивают. Трудно.

— У тебя! Ты ушел и пришел, а я? Прошу их, дур, умоляю, кто брюхатая, не признавайся врачу, кто больная, сиди в блоке. Думаешь, верят? Ведь человек хочет им только добра. А как поможешь, когда сами так и лезут в душегубку?

Какая-то девица пела, стоя на печи, модный куплет. Когда закончила, на нарах зааплодировали, певица улыбалась и раскланивалась. Рыжая блоковая схватилась за голову.

— Не могу больше. Это же отвратительно!— простонала и вскочила на печь.— Слазь!— крикнула девушке.

В блоке стало тихо. Блоковая подняла руку.

— Тихо!— крикнула, хотя все молчали.— Спрашиваете меня, где ваши родители и дети. Не говорила вам только из жалости, теперь скажу, чтобы знали, что с вами сделают то же самое, если заболеете. Ваши дети, мужья и родители вовсе не в другом лагере. Запихали их в подвал и отравили газом. Понимаете, газом! Как миллионы других, как моих родителей. Они горят в кучах и в крематориях. Тот дым, который видите над крышами, он вовсе не с кирпичного завода, как вам говорили. Он из ваших детей! А теперь пой дальше,— сказала спокойно перепуганной певице и вышла вон из блока.

Известно, что Освенцим и Биркенау шли от худого к доброму. Сначала били и убивали на командах почем зря, потом в установленном порядке. Сначала люди спали прямо на полах, на боку — и переворачивались по команде. Потом на нарах, кто как хотел, и даже на кроватях поодиночке. Вначале люди стояли по двое суток на апеле, потом только до второго гонга, до девяти часов. В первые годы нельзя было присылать посылки, позже разрешили посылки по пятьсот граммов, потом — какие хочешь. Три-четыре года спустя никто не верил, что так было когда-то, и я гордился, что пережил это. Чем хуже немцам на фронте, тем лучше нам в лагере. А когда им станет и вовсе худо...

На Персидском Базаре время катилось вспять. Снова перед нашими глазами был Освенцим образца сорокового года. Женщины жадно хлебали суп, которого у нас никто не ел. С пяти утра стояли на апеле. Пока пересчитают всех, уже девять. В девять — холодный кофе, с трех пополудни начинался вечерний апель, по окончании — ужин: хлеб и что-нибудь к хлебу, Поскольку не работали, то не полагалась и цулага, дополнительный паек за работу.

Иногда среди дня устраивался неурочный апель. Становились тесно пятерками и — одна за другой — входили в блок. Цветущие блондинки, эсэсовки в сапогах, выдергивали из рядов самых худых, самых грязных, беременных — и вталкивали их в середину "глаза". "Глаз", это отделенные, образующие, взявшись за руки, подобие круга. Наполненный женщинами "глаз", пританцовывая змееобразно, продвигался к воротам, где соединялся с общим "глазом". Пятьсот, шестьсот, тысяча отобранных женщин. Шли все — той дорогой.

Иногда входила эсэсовка в блок. Разглядывала нары — женщина, смотрящая на женщин. Интересовалась, есть ли нуждающиеся в лечении?

беременные?— получат белый хлеб и молоко в госпитале.

Выходили женщины и, охваченные "глазом", шли под ворота — тоже на ту дорогу.

Досуга хватало, работали лишь бы день до вечера, материала было мало, отирались на Персидском Базаре у блоковых, под блоками, в уборных. У блоковых пили чай или укладывались соснуть час-другой на любезно предоставленной постели, под блоками трепались с плотниками и каменщиками. Крутились возле них женщины, уже в свитерах и чулках. Принеси хоть какой лоскут, и можешь делать с ними, что душе угодно. Так что лагерь — лагерем, а с бабами — канада!

Уборная была общая для мужчин и для женщин. Только что разделенная доской, на женской половине шум и толчея, у нас тишина и приятный холодок от бетонных конструкций. Сиди тут целыми часами и веди любовные диалоги с Катюшей, маленькой сноровистой уборщицей из уборной. Никто не смущается, никого ситуация не тяготит. Человек столько уже перевидал в лагере...

Так миновал июнь. Люди шли, и той, и другой дорогой. С утра и до поздней ночи стоял весь Персидский Базар на апеле. Дни были жаркие, и смола таяла на крышах. Потом пошли дожди, и задул резкий ветер. По утрам стоял пронизывающий холод. Потом вернулось тепло. К перрону непрерывно подъезжали вагоны — и люди шли и шли. Часто по утрам не удавалось выйти на работу потому, что дороги были забиты ими. Шли медленно, без всякого строя, держась за руки. Женщины, старики, дети. Шли по ту сторону проволоки, обращая к нам молчаливые лица. Смотрели на нас с сочувствием, бросали через проволоку хлеб.

Женщины снимали часы и бросали нам под ноги, жестами показывая, что можем взять.

Оркестр под воротами играл фокстроты и танго. Лагерь смотрел на идущих. Невелика шкала осмысления человеком великих чувств и буйных страстей. Выражали их, как и самые мелкие, будничные впечатления. Пользовались при этом самыми простыми словами.

— Сколько их уже прошло? С начала мая, считай, два месяца. Если прикинуть по двадцать тысяч в день... Около миллиона.

— Не каждый день столько газовали. Хотя — пёс их знает. Четыре камина и две ямы.

— Возьмем иначе. Из Кошице и Мункача — шестьсот тысяч, чего уж там, всех определили. А из Будапешта? Тысяч триста будет.

— Не всех же до одного.

— Яволь, но разве скоро конец этому? Доконают и остальных.

— Уж доконают.

Человек пожимает плечами и смотрит на дорогу. За колонной людей вразвалку идут эсэсовцы, добродушными улыбками поощряют ведомых. Показывают, что уже недалеко, похлопывают по плечу какого-то старичка, который бежит ко рву и, торопливо спуская штаны, исчезает в нем.

Эсэсовец указывает ему на удаляющуюся толпу. Старичок кивает головой, подтягивает штаны и, смешно подпрыгивая, бежит вдогон.

Человек улыбается. Ему весело видеть другого человека, которому невтерпеж в газовую камеру.

Потом ходили на эфекты крыть наново протекающие крыши. Высились там груды лохмотьев и неразобраного барахла. Вещи, отнятые у тех, которые шли, лежали прямо на земле, не прикрытые ни от дождя, ни от солнца.

Развели огонь под смолой и отправились на организацию. Один приносил ведро с водой, другой сухие вишни или сливы, третьи сахар. Готовили компот и несли на крышу тем, кто был занят работой. Иные жарили сало с луком, загрызали его кукурузным хлебом.

Крали все, что попадалось под руку, и несли в лагерь.

С крыши как раз хорошо видны были горящие груды и работающие крематории. Толпа входила вовнутрь, раздевалась, а потом эсэсовцы закрывали быстро окна, наглухо завинчивая болты. Через пару минут, которых едва хватило бы на то, чтобы путем засмолить лист толя, отворяли двери и окна в блоке и проветривали. Приходила зондеркоммандо, стаскивала трупы в кучу, и так с утра до вечера, день за днем.

Временами после удушения такого транспорта подъезжали запоздалые машины с больными и сестрами милосердия. Их газовать не полагалось. Раздевали их догола и либо обершарфюрер Молль бил их из охотничьего ружья, либо сталкивали живьем в пылающую яму,

Как-то с машиной приехала молодая женщина, не пожелавшая расстаться с матерью. Раздели обеих в камере, мать пошла впереди. Человек, которому поручено было проводить дочь, задержался, пораженный красотой ее тела, удивленно поскреб в затылке. Это человеческое, простецкое движение немного успокоило женщину... Покраснев, она схватила его за руку.

— Скажи, что они со мной сделают?

— Не бойся,— сказал человек, не отнимая руки.

— Я не боюсь, видишь, даже не стыжусь тебя. Скажи!

— Помни — не бойся. Иди. Я провожу тебя. Не смотри только.

Взял ее за руку и повел, другой рукою прикрывая ей глаза. Треск и вонь горящего жира и жар, бьющий снизу, испугали ее. Рванулась в сторону, но он осторожно наклонил ее голову, разворачивая затылок. В это время обершарфюрер выстрелил, не целясь, человек толкнул женщину в пылающую яму и, когда падала, услышал ее раздирающий душу крик.

Когда наполнились женщинами, выбранными из людей, которые шли, Персидский Базар, цыганский лагерь, ФКЛ, напротив Персидского Базара открыли новый лагерь, Мексику. Был так же неустроен, и точно так же устанавливали там будки для блоковых, тянули проводку, вставляли рамы.

Один день повторял другой. Люди выходили из вагонов и шли — и той, и другой дорогой.

У тех, которые были в лагере, имелись свои заботы: ждали посылок и писем из дома, занимались организацией для друзей, любовниц, помаленьку интриговали. Ночи сменялись днями, дожди суховеями.

С концом лета перестали приходить транспорты. Все меньше людей шло в крематории. Те, которые были в лагере, чувствовали поначалу какую-то пустоту, чего-то им не хватало. Потом привыкли. Да и пошли другие важные события: русское наступление, восставшая и пылающая Варшава, транспорты уже из лагеря, отходящие каждый день в направлении на запад, в неизвестность, к новым болезням и смертям. Бунт в крематории и бегство зондеркоммандо, закончившееся истреблением беглецов.

Потом мотало человека из лагеря в лагерь — без ложки, без миски, без лоскута прикрыть тело. Человеческая память сохраняет только образы. И сегодня, когда я думаю о последнем лете Освенцима, вижу бесконечную разноцветную колонну людей в торжественном марше — и той, и другой дорогой, женщину, стоящую со склоненной головой над пылающим рвом, рыжую девушку на фоне черного барачного нутра, которая кричит мне нетерпеливо:

— Так будет человек наказан? Так, по-людски, нормально?

И еще вижу перед собой еврея с гнилыми зубами. Он приходит каждый вечер под мои нары и, задрав голову, спрашивает неизменно:

— Получил сегодня посылку? Может, продашь яиц для Мирки? Она так любит яйца.

ДОБРО ПОЖАЛОВАТЬ В ГАЗОВЫЕ КАМЕРЫ

Весь лагерь был раздет догола. Правду сказать, травля вшей была закончена, и мы уже получили одежду обратно из бассейнов, наполненных растворенным в воде циклоном, который с равно замечательным успехом душил вшей в одежках и людей в газовых камерах; только блоки, отгороженные от нас испанскими козлами, не получили еще вовсе никакой одежды, так что и там ходили голые: жара стояла страшная. Лагерь заперт наглухо. Ни один заключенный, ни одна вошь не смеет проникнуть через его ворота. Все работы были прекращены. Целыми днями тысячи голых людей шатались по дорогам и апелевым плацам, валялись под стенами и на крышах. Спали на досках по той причине, что матрацы и одеяла тоже были в дезинфекции. Из крайних блоков виден был ФКЛ — там тоже морили вшей. Двадцать восемь тысяч женщин раздеты и выпровожены из блоков, наводняют визы, дороги, плацы.

С утра ждем обеда, поедаем посылки, проведываем приятелей. Время течет медленно — жара. Развлечений никаких: широкие дороги к крематориям пусты. Два дня, как нет транспортов. Часть Канады расформирована и придана к разным командам. Откормленные и отоспавшиеся, канадские попадали туда, где всего тяжелее, на Гарменцы. Ибо в лагере царит завистливая справедливость: когда сильный упадет, друзья постараются, чтобы упал, как можно ниже. Канада, наша Канада не пахнет, правда, как фидлеровская, смолой, а только французскими духами, зато, пожалуй, в тамошней не растет столько высоких сосен, сколько в здешней припрятано бриллиантов и монет, собранных со всей Европы.

Сидим группой на нарах, беззаботно качая ногами. Раскладываем белый, промышленной выпечки, хлеб, рыхлый, рассыпающийся, несколько неприятный на вкус, зато не покрытый многонедельной плесенью. Хлеб прислан из самой Варшавы. Еще неделю назад его держала в руках моя мать. Милый боже, милый боже...

Достаем корейку, лук, открываем банку сгущенки. Анри, большой и истекающий потом, мечтает вслух о французском вине, привозимом транспортами из Страсбурга, из-под Парижа, из Марселя.

— Слушай, мон ами, когда пойдем снова на перрон, принесу тебе настоящего шампанского. Никогда, небось, не пробовал?

— Нет. Но через ворота не пронесешь, так что нечего и мечтать. Организуй мне лучше туфли, знаешь, такие перфорированные, на двойной подошве. О рубашке уже молчу, сто лет, как обещал.

— Терпение, терпение. Как только придет транспорт, все принесу.

— А может, не будет больше транспортов для камина?— бросаю раздраженно.— Видишь, как полегчало в лагере, посылки не ограничены, битье в запрете. Писали ведь письма домой... Разное говорят о предписаниях, сам же болтаешь. Так, в конце концов, и подвоз, к черту, прекратится.

— Не болтай глупостей,— рот тучного, с одухотворенным, как на миниатюрах Косвея, лицом марсельца (он мой друг, но фамилии его не знаю) занят бутербродом с сардинами,— не болтал бы глупостей,— повторил он, с усилием глотая ("пошло, зараза!") — не болтал бы глупостей, подвоз прекратиться не может, иначе все мы тут в лагере посдыхаем. Все мы с одного подвоза и живем.

— Все, да не все. Получаем посылки...

— Ты, да твой дружок, да еще с десяток твоих дружков, получаете вы, поляки, и то не все. А мы, евреи, а русские? И что, если бы нам нечего было есть, организасьон с транспортов, то вы бы свои посылки так спокойно и жрали? Дали бы мы вам!

— Дали бы, или пухли с голоду, как греки. В лагере у кого жратва, у того и сила.

— У вас есть, у нас есть, о чем спорить?

Спорить, действительно, не о чем. У вас есть и у нас есть, едим вместе, спим на одних нарах. Анри режет хлеб, делает салат из помидоров, приправляет казенной горчицей. Смакует блаженно.

В блоке под нами толпятся люди, голые, истекающие потом. Лежат в проходе между нарами, вдоль огромной, интеллигентной постройки печи, между усовершенствований, которые конюшню (на дверях до сих пор висит табличка, извещающая о том, что "ферзухте пферде" — зараженных лошадей надлежит оставлять там-то и там-то) превратили в уютный (гемютлих) дом для более чем полутысячи человек. Гнездятся на нижних нарах по восемь, по девять, лежат голые, костлявые, воняющие потом и выделениями, с глубоко запавшими щеками. Подо мной, в самом низу, раввин; накрыл голову ошметком одеяла и читает по еврейскому молитвеннику (водится тут подобное чтиво), причитая громко и однообразно.

— Успокоить его, что ли? Орет, как бога за ноги сцапал.

— Не хочется с нар слезать. Пускай себе орет, скорее в камин отправится.

— Религия есть опиум для народа. Люблю, грешник, покурить опиум,— сентенциозно замечает слева марселец, коммунист и рантье одновременно.— Если бы они не верили в бога и загробную жизнь, то давно бы уже развалили крематорий.

— А вы почему же этого не сделаете?

Вопрос имеет смысл чисто метафорический, однако марселец отвечает:

— Идиот,— запихивает рот помидором и делает движение, как если бы хотел что-то еще сказать, однако ест и молчит.

Только покончили с кормежкой, в дверях началось бойкое движение, мусульмане подскочили и кинулись прятаться между нарами, а в будку к блоковому влетел гонец. Скоро величественно вышел блоковый:

— Канада! Антретен! Только быстро! Транспорт на подходе.

— Боже правый!— заорал Анри, спрыгивая с нар.

Марселец подавился помидором, схватил бушлат, крикнул "Раус!" сидящим внизу, и вот уже все они в дверях. На нарах началось волнение: Канада отправлялась на перрон.

— Анри, туфли!— крикнул я на прощание.

— Кайне Ангст!— откликнулся он уже со двора.

Упаковал не спеша жратву, обвязал веревкой чемодан, в котором лук и помидоры с отцовского огорода в Варшаве соседствовали с португальскими сардинами, а корейка с люблинского "Бакутила" перемешана была с изысканнейшими бакалеями из Салоник. Упаковал, надел штаны, слез с нар.

— Платц!— крикнул, протискиваясь между греками. Те посторонились. В дверях столкнулся с Анри.

— Алле, алле! вит, вит!

— Вас ист лос?

— Хочешь пойти с нами на перрон?

— Можно сходить.

— Так живо, бери бушлат. Не хватает пару людей, с капо я договорился,— и вытолкнул меня из блока.

Стали в шеренгу, кто-то переписал наши номера, кто-то в голове колонны крикнул: "марш! марш!", и мы побежали под арку ворот, сопровождаемые гомоном разноязыкой толпы, уже загоняемой кнутами обратно в блоки — не каждый может идти на перрон... Уже позади люди, уже мы под воротами.— Линкс, цвай, драй, фир! Мютцен аб! — выпрямленные, с руками плотно по швам, проходим через ворота резво, пружиняще, чуть ли не грациозно. Заспанный эсэсовец с большой таблицей в руке отсчитывает вяло, отделяя в воздухе пальцем каждую пятерку.

— Хундерт! — крикнул, когда мимо него прошла последняя.

— Штимт!— хрипло отозвалось впереди.

Идем быстро, почти бежим. Много постов — молодые, с автоматами. Следуем через все участки чешского лагеря II Б, через карантин, углубляемся в груши и яблони труппенлазарета, среди незнакомой, словно с луны свалившейся, странно пышной под многодневным этим солнцем, зелени огибаем по дуге какие-то бараки, пересекаем черту большой постенкетты, бегом вырываемся на шоссе — мы на месте. Еще несколько десятков метров   — среди деревьев перрон.

Это был простой деревенский перрон, какие обычно бывают на миром забытых вокзалах. Площадка, обрамленная зеленью высоких деревьев, посыпана была гравием. Сбоку, при дороге, ютилось некое строеньице, невзрачнейшая и ничтожнейшая из всех на свете станционных будок, дальше валялись груды рельс, шпалы, горы досок, заготовки для бараков, кирпичи, камни, колодезные круги. Это отсюда поставлялся материал на Биркенау: для расширения лагерного строительства и для газовых камер. Обычный рабочий день, подъезжают автомобили, берут доски, цемент, людей...

Посты, расставляемые на рельсах, шпалах, в зеленой тени силезских каштанов, тесным кольцом окружают перрон. Отирают пот с лица, пьют из фляжек. Жара немилосердная, солнце стоит неподвижно в зените.

— Разойтись!— Рассаживаемся в отрезках тени под рельсами. Голодные греки — приблудилась их пара, черт знает, как — роются среди рельс, выискивают консервные банки, заплесневелые булки, рыбьи хвосты. Едят.

— Швайнедрек,— плюет в их сторону пост с пышными вьющимися волосами и голубым мечтательным взглядом.— У вас же скоро будет пропасть жратвы. Так нажретесь, что надолго расхочется.

— Скоты они,— подтверждаем дружно.

— Ну, толстый,— сапог поста легко касается загривка Анри. — Пасс маль ауф, пить хочется?

— Хочется, только марок нет,— со знанием дела отвечает француз.

— Шаде, жаль.

— Однако, Герр Постен, разве мое слово ничего уже не значит? Разве не торговал Герр Постен со мной? Вифиль?

— Сто. Гемахт?

— Гемахт.

Пьем воду, тошнотворную и без вкуса, на счет денег и людей, которых еще нет.

— Слушай внимательно,— говорит Анри, отбрасывая пустую бутылку так, что она лопается далеко на рельсах,— башлей не бери, может быть обыск. Да и на кой они тебе? И так голодный не ходишь. Одежды не бери, это подозрение на побег. Рубашку возьми, но только шелковую, с воротником, под низ — спортивную. Найдешь что-нибудь выпить, меня не зови, сам управлюсь. Смотри только не попадись.

— Бьют?

— В порядке вещей. Не надо хлопать ушами. Аршауген.

Возле нас сидят греки, жадно двигают челюстями — большие человекообразные насекомые, они пожирают с наслаждением груды гнилого хлеба. Озабочены, не знают предстоящей работы. Тревожат их балки и рельсы: не любят носить тяжестей.

— Вас вир арбайтен?— спрашивают у нас.

— Никс. Транспорт коммен, аллес крематориум, компри?

— Аллес ферштеен,— отвечают на лагерном эсперанто. Успокаиваются. Не придется ворочать рельсы или таскать балки.

Тем временем перрон делался все шумнее и многолюдней. Форарбайтеры делили между собой группы, предназначая одних для открывания и выгрузки вагонов, других отводили под деревянные ступени, растолковывая им предстоящие обязанности. Были то переносные, широкие, удобные ступени, напоминающие выход на трибуну. Подъезжали с рокотом мотоциклы, привозили обсыпанных серебром отличек унтер-офицеров СС, тучных, откормленных мужчин в отполированных офицерских сапогах и с лоснящимися хамскими мордами. Некоторые приезжали с портфелями, другие имели гибкие бамбуковые трости. Придавало им это вид бравый и служебный. Входили в столовую, ибо убогий барак был не чем иным, как столовой, где летом пили минеральную воду — Штудетен-квелле — а зимой отогревались теплым вином, приветствовали друг друга официальным подъятием руки на римский манер, а потом сердечно трясли друг дружке руки, улыбались друг дружке душевно, разговаривали о письмах, о вестях из дома, о детях, показывали фотографии. Иные достойно прогуливались по площадке, гравий скрипел, сапоги скрипели, серебряные квадраты поблескивали на воротниках, а бамбуковые трости посвистывали нетерпеливо.

Разномастная толпа лежала под рельсами в узких полосках тени, гомонила по-своему, дышала тяжело и неровно, смотрела лениво и равнодушно на величественных людей в зеленых мундирах, на зелень деревьев, близкую и недосягаемую, на колокольню дальнего костела, где звонили как раз к запоздалому Ангелу Господнему.

— Транспорт идет,— сказал кто-то, и все поднялись в ожидании. Из-за поворота выходили товарные вагоны: поезд пятился, железнодорожник, стоявший на тормозной площадке, наклонился, замахал рукой, засвистел. Локомотив свистнул в ответ пронзительно, засопел, состав тихо потянулся вдоль станции. В зарешеченных окошках виднелись человеческие лица, бледные, измятые, словно невыспавшиеся, растрепанные — перепуганных женщин, мужчин — диво дивное — не остриженных наголо. Они проплывали медленно, в молчании приглядываясь к станции. И тут внутри вагонов что-то забушевало, заколотило в деревянные стенки.

— Воды! воздуха! — вырвались глухие, отчаянные крики.

К окнам приникали человеческие лица, рты судорожно хватали воздух. Ухватив несколько глотков люди в окнах исчезали, вместо них появлялись другие и исчезали так же. Крики и стук становились все громче.

Человек в зеленом мундире, больше, чем другие, обсыпанный серебром, скривился с неудовольствием. Затянулся сигаретой, отбросил ее резко, перебросил трость из правой руки в левую, кивнул часовому. Тот медленно снял автомат с плеча, пригнулся и полоснул очередью по вагонам. Утихло. Тем временем подошли машины. Поставили при них столики, расставили оперативно столики у вагонов. Великан с портфелем поднял руку:

— Кто возьмет золото или что бы то ни было кроме еды, будет расстрелян, как расхититель государственной собственности. Понятно? Ферштанден?

— Яволь!— отозвались нестройно, но с деланным энтузиазмом.

— Альзо лос. За работу!

Заскрипели засовы, вагоны открыты. Волна свежего воздуха ворвалась вовнутрь, обдав людей горячим чадом. Скученные, стиснутые бесконечными чемоданищами, чемоданами, чемоданчиками, рюкзаками, узлами самыми разнообразными (ибо везли все, на чем стояло их прошлое житье, и что должно было лечь в основание будущего), они ютились в страшной тесноте, давились и давили других. Сейчас столпились у дверей, дыша, как рыбы, выброшенные на песок.

— Внимание, выходить с вещами. Забирать все. Все свое барахло складывать в кучу у вагонов. Пальто оставлять. Сейчас лето. Идти налево. Ясно?

— Что с нами будет?— уже ступая по гравию, взволнованные, вымученные.

— Откуда вы?

— Сосновец, Бендзин. Что будет?— упорно повторяют вопрос, горячо всматриваясь в чужие, усталые глаза.

— Не знаю, не понимаю по-польски.

Есть лагерный закон: людей, идущих на газовую смерть, обманывать до последней минуты. Это единственно допустимая форма милосердия. Жара страшная. Солнце застыло в зените, раскаленное небо дрожит, воздух колеблется, временами вспыхивают порывы ветра, и тогда окатывает нас сгущенный, расплавленный воздух. Губы давно запеклись, во рту соленый привкус крови.

От долгого лежания на земле тело вяло и неуправляемо. Пить, ох, пить.

Из вагона выкатывается разноцветная толпа, похожая на слепую, одуревшую реку в поисках нового русла. Но не успевают люди придти в себя от свежего воздуха и запаха зелени, как из рук у них уже рвут вещи, стаскивают с них пальто, у женщин выхватывают сумочки, отбирают зонты.

— Позвольте, это от солнца, я не могу...

— Ферботен!— сквозь зубы, лающее, сопящее.

За спиной стоит эсэсовец, спокойный уверенный в себе, деловитый.

— Майне Герршафтен, уважаемые, не разбрасывайте так вещи. Не следует усложнять нам работу.— Говорит дружелюбно, а руки нервно гнут тонкую трость.

— Хорошо, хорошо,— отвечают ему и уже уверенней идут вдоль вагонов.   Какая-то женщина резко наклонилась, подбирая сумочку. Свистнула трость, женщина упала под ноги толпе. Ребенок, бегущий за ней, запищал: "Мамочка!"— маленькая такая, растрепанная девочка.

Растет куча вещей, чемоданов, узлов, рюкзаков, пледов, одежд, сумочек, которые, падая, раскрываются, и на землю летят радужные банкноты, золото, часы, у вагонных дверей громоздятся хлебные горы, растут слои разноцветных мармеладов, повидл, множатся груды ветчин и колбас, рассыпается по гравию сахар. Набитые людьми машины отъезжают с адским ревом под причитания и вопли женщин, оплакивающих детей, и тупое молчание мужчин, оказавшихся в неожиданном одиночестве. Те, что пошли направо, молодые и здоровые, отправятся в лагерь. Газ их не минует, но сначала будут работать.

Машины отъезжают и возвращаются без передышки, как на киноленте. Беспрепятственно ездит карета Красного Креста. Огромный кровавый крест плавится под солнцем на капоте. Беспрепятственно снует карета Красного Креста, в ней возят газ, газ для того, чтобы травить этих людей.

У канадских, работающих возле ступенек, нет ни минуты передышки: отделяют предназначенных для газовых камер от тех, кто пойдет в лагерь, выталкивают первых на ступеньки, набивают ими машины, в каждую по шестидесяти душ — так, плюс-минус. Рядом стоит молодой, гладко выбритый господин, эсэсовец, с записной книжкой в руке. Каждая машина, это палочка, шестнадцать таких палочек, это тысяча, так, плюс-минус. Господин спокоен и аккуратен. Не отъедет машина без его ведома и палочки в блокноте. Орднунг мусс зайн. Палочки вырастают в тысячи, тысячи в целые транспорты, о которых говорится кратко: "из Салоник", "из Страсбурга", "из Роттердама". О сегодняшнем уже завтра будут говорить кратко: "Бендзин". Сегодня же он значится, как "Бендзин — Сосновец". Те, которые пойдут с этого транспорта в лагерь, получат номера 131 — 132. Разумеется, тысячи, но, краткости ради, будут говорить так: T3I — 132.

Транспорты из недели в неделю, из месяца в месяц, из года в год. Когда окончится война, станут считать сожженных, насчитают четыре с половиной миллиона. Кровавейшая из войн, величайшая из побед солидаризованных и сплоченных немцев. Айн Райх, айн Фольк, айн Фюрер — и четыре крематория. Но скоро станет крематориев в Освенциме уже шестнадцать, способных сжечь до пятидесяти тысяч в день. Разрастется лагерь, расстроится, уже по самому берегу Вислы потянется колючая проволока, напитанная электрическим током, и поселятся за ней триста тысяч человек в полосатых бушлатах, и назовется поселение это Фербехер-Штадт, Город Преступников. Нет, не окончится подвоз. Сгорят евреи, сгорят русские, сгорят поляки, придут народы с запада и юга, с континента и островов. Придут люди в полосатых бушлатах, отстроят разрушенные немецкие города, вспашут заброшенные земли, а когда ослабнут в непосильных трудах, в вечном "Бевегунг! Бевегунг!" — отворятся тогда двери газовых камер. И будут камеры еще совершенней, еще экономичней, еще замаскированней. Будут, как камеры в Дрежни, о которых уже ходят легенды.

Уже опорожнены вагоны. Худой, со следами оспы, эсэсовец спокойно заглядывает вовнутрь, качает головой с неудовольствием, окидывает нас взглядом и указывает пальцем:

— Райн. Очистить!

Забираемся в вагон. Среди человеческого кала и оброненных часов по углам лежат задушенные и растоптанные младенцы, голые уродцы с огромными головами и вздутыми животами. Выносим их, как цыплят, держа по двое в горсти.

— Не надо нести на машину. Отдай женщинам,— говорит, закуривая, эсэсовец. Зажигалка дает осечку, требует к себе внимания.

— Возьмите детей, бога ради!— во мне поднимается злость на женщин, которые в страхе бегут от меня, втягивая голову в плечи.

Удивительным кощунством звучит имя божье, ибо все женщины с детьми идут на машину. Мы хорошо знаем, что это значит, и смотрим на себя с ненавистью и отвращением,

— Что, брать не хотите?— как бы удивленно и негодующе спрашивает оспатый и тянется за револьвером.

— Не надо стрелять, я возьму.

Седая высокая женщина взяла у меня ребенка и с минуту постояла, глядя мне прямо в глаза.

— Дитя, дитя,— прошептала с улыбкой и пошла, спотыкаясь, на гравий.

Я оперся о вагонную стенку. Очень устал. Кто-то дернул меня за рукав.

— Ан аван, под рельсы, скорей!

Смотрю на говорящего, лицо скачет перед глазами, деформируется, расплывается, делается огромным и прозрачным, смешивается с деревьями, непонятно, почему черными, с вибрирующей толпой... Резко смыкаю веки, открываю: Анри.

— Слушай, Анри, мы добрые люди?

— Что за дурацкий вопрос?

— Видишь ли, приятель, я испытываю злость, непонятную, необъяснимую злость к этим людям из-за того, что по их милости должен торчать здесь. Они отправляются на смерть, а я им не сочувствую. Да пусть хоть земля под ними провалится. Еще немного, и я начну их бить. Но ведь это, наверное, патология? Не понимаю.

— Ну, как раз наоборот, самый нормальный расклад. Ты измучен, озлоблен, злоба требует выхода. А на ком ее выместить, как не на слабом? Это я по глупости природной так рассуждаю, компри?— говорит с легкой иронией француз, удобно укладываясь под рельсами.— Учись у греков, они умеют жить. При мне один слопал сам целую плиту мармелада.

— Скоты. Завтра их половина от срача сдохнет.

— Скоты? Ты тоже был голодным.

— Скоты,— повторяю упрямо. Закрываю глаза, слышу крики, чувствую дрожание земли, парной воздух на веках. В горле совсем сухо.

Люди плывут и плывут, машины рычат, как разъяренные псы. Перед глазами движутся трупы, выносимые из вагонов, раздавленные дети, калеки, уложенные в одну кучу с трупами, и толпа, толпа, толпа... Вагоны подходят, горы вещей, чемоданов и сумок растут, люди выходят, жадно дышат, молят о воде, поднимаются на машины, отъезжают. Снова подходят вагоны, снова люди... Образы наслаиваются друг на друга, не знаю, происходит ли все на самом деле, снится ли? Вижу вдруг зелень каких-то деревьев, они колышутся вместе со всею улицей, с разноцветной толпой, но это — Аллея. В голове шумит, чувствую, вот-вот меня вырвет.

Анри трясет меня за плечо.

— Не спи, идем грузить барахло.

Людей уже нет. Последние машины идут далеко на шоссе, вздымая огромные клубы пыли, состав отошел, но опустевшему перрону

ходят важно эсэсовцы, сверкая серебром воротников. Лоснятся глянцем сапоги, лоснятся красные налитые рыла. Среди них женщина, только сейчас дошло до меня, что была тут все время, сухая, безгрудая, костлявая. Редкие бесцветные волосы гладко зачесаны назад, собраны в "нордический" узел, руки засунуты в карманы широких брюк-юбки. Ходит по перрону из утла в угол, сложив узкие губы в ехидную, недобрую улыбочку. Ненавидит женщин ненавистью уродины, сознающей свое уродство. Видел уже ее и хорошо запомнил: комендант ФКЛ; пришла оглядеть свое пополнение, так как часть женщин избежала машин и пойдет пешком — в лагерь. Наши ребята, парикмахеры из Зауны, обреют их наголо и немало повеселятся над их неизжитой еще стыдливостью.

Грузим вещи. Таскаем тяжелые чемоданы, вместительные, изобильные, выбиваясь из сил, заталкиваем их на грузовики. Там их укладывают плотной кучей, вспарывают, что удастся — для развлечения, а также в поисках водки и духов. Духи попросту выливают на себя. Один чемодан раскрывается, вываливаются одежды, рубашки, книги... Хватаю какой-то сверток — тяжело. Разворачиваю: золото, две добрых горсти: крышки от часов, браслеты, кольца, колье, бриллианты...

— Гиб хир,— спокойно говорит эсэсовец, подставляя открытый портфель, полный золота и пёстрой, чужой валюты. Закрывает его, отдает офицеру, берет следующий, пустой, идет караулить к следующей машине. Это золото поедет в Райх.

Жара, страшная жара. Воздух стоит неподвижным, раскаленным столбом. Глотки пересохли, каждое сказанное слово причиняет боль. Ох, пить. Спешим, суетимся, скорей бы, в тень бы, отдохнуть бы. Кончаем погрузку, последние машины отъезжают, тщательно подбираем с путей всякие бумажки, выбираем из мелкого гравия нездешний, с транспорта, мусор ("чтобы и следа от этой гадости не осталось"), и в минуту, когда идем — наконец-то — в сторону рельс отдохнуть и напиться (может, француз снова купит у поста?), из-за поворота слышится свисток кондуктора. Медленно, невообразимо медленно вползают вагоны, пронзительно свистит локомотив, смотрят из окон лица, измятые и бледные, словно вырезанные из бумаги, с огромными, лихорадочными глазами. Вот и машины, вот и спокойный господин с блокнотом, вот из столовой вышли эсэсовцы с портфелями для золота и денег. Отворяем вагоны.

Нет, владеть собой уже невозможно. Грубо рвем чемоданы из рук у людей, с сопеньем стаскиваем пальто. Идите, идите, проходите. Идут, проходят. Мужчины, женщины, дети. Некоторые из них знают, на что идут.

Вот пробирается быстро женщина, спешит украдкой, но лихорадочно. Маленькое, нескольких лет от роду, дитя с румяным, круглым личиком херувима бежит за ней, не может догнать, протягивает руки с плачем: Мама! мама!

— Женщина, возьмите ребенка на руки!

— Это не мой ребенок! Не мой! — кричит истерически женщина и продолжает убегать, закрывая лицо руками. Хочет скрыться, хочет оказаться среди тех, которые не поедут на машине, которые пойдут пешком, которые будут жить. Молодая, здоровая, красивая, хочет жить.

Но ребенок бежит за ней, крича во весь голос:

— Мама, мама, не убегай!

— Это не мой, не мой, нет!

Ее догнал Андрей, моряк из Севастополя. Глаза мутные от водки и зноя. Догнал, сбил с ног одним размашистым ударом, подхватил падающую за волосы, поставил на ноги. Лицо перекошено бешенством.

— Ах, ты, еби твою мать, блядь еврейская! От своего ребенка бежишь? Я тебе дам, ты, курва! — перехватил ее у пояса, лапой сдавил горло, пытавшееся кричать, и зашвырнул с размаха, как мешок, на машину.

— На, и это возьми себе, сука!— бросил ей ребенка под ноги.

— Гут гемахт, так должно наказывать плохих матерей,— сказал эсэсовец, стоящий у машины,— гут, гут, русский.

— Заткнись!— проворчал сквозь зубы Андрей, отошел к вагонам. Из-под груды барахла вытащил спрятанную фляжку, отвинтил крышку, хлебнул, передал мне. Спирт обжигает горло, ноги подламываются, тянет на рвоту.

Неожиданно из этой толпы, которая слепо перла на машины, как поток, направляемой невидимой силой, вынырнула девушка, выпрыгнула легко из вагона на гравий, осматриваясь внимательно, как человек, который чем-то очень удивлен.

Пышные светлые волосы мягкой волной спадали на плечи; встряхнула головой нетерпеливо. Руки непроизвольно скользнули по блузке, оправили юбку. Стояла так с минуту. Лотом оторвала взгляд от толпы, скользнула по нашим лицам, словно ища кого-то. Я неосознанно искал ее взгляда, наши глаза встретились.

— Слушай, слушай, скажи, куда нас привезли?

Смотрел на нее. Вот стоит передо мной девушка с чудесными светлыми волосами, с красивой грудью, в батистовой летней блузке. Взгляд умный, взрослый. Стоит, смотрит мне прямо в лицо, ждет. Вот газовая камера: коллективная смерть, мерзкая, отвратительная. Вот лагерь: обритая голова, ватные советские штаны по жаре, едкий, тошнотворный запах немытого женского тела, звериный голод, нечеловеческая работа — и та же самая камера, только смерть еще более гнусная, отвратительная, страшная. Кто раз сюда вошел, тот и пепла своего, поди, не вынесет на постенкетту: нет больше для нас тамошней жизни.

"Зачем она это привезла, ее и так взяли бы"— подумалось невольно при взгляде на ее запястье с красивыми часами на мелкой золотой цепочке. Точно такие были у Тушки, только на черном узком ремешке.

— Слушай, ответь.

Молчал. Закусила губу.

— Сама знаю,— сказала с царственной гордостью в голосе, подняла голову, решительно пошла в направлении машин. Кто-то пытался ее удержать, смело оттолкнула его и взбежала по ступенькам в переполненный кузов. Увидел только издалека ее волосы, развевающиеся от быстрой езды.

Забирался в вагоны, выносил младенцев, выбрасывал багаж. Прикасался к трупам, но не мог побороть охватывавшего меня дикого страха. Убегал от них, но они валялись повсюду: грудой на гравии, на цементном краю перрона, в вагонах. Младенцы, отвратительно голые женщины, скорченные в конвульсиях мужчины. Убегал, как можно дальше. Получил удар тростью по плечу, краем глаза замечаю матерящегося эсэсовца, удираю от него, прячусь в группе полосатой Канады. Снова, наконец, забиваюсь под рельсы. Солнце склонялось низко над горизонтом, кровавым закатным светом залило перрон. В тишине, наступавшей под вечер в природе, человеческий крик бил в небо громче и настойчивей.

Только отсюда, из-под рельс был виден весь ад, кипевший на перроне. Вот двое людей упали на землю, сплетясь в отчаянной схватке. Он впился пальцами в ее тело, зубами рвет одежду. Она кричит самозабвенно, проклинает, богохульствует и только придушенная сапогом, хрипит и замолкает. Растаскивают их, как бревна, и швыряют, как скотов, на машину. Вот четверо с Канады тащат труп, огромную, распухшую бабу, ругаются и обливаются потом. Пинками разгоняют детей, которые тычутся по всему перрону, подвывая в голос, как щенята. У тех четырех не хватит сил забросить бабу на машину, зовут остальных, сообща водворяют гору мяса в кузов. Со всей платформы стаскивают сюда трупы, распухшие, вздутые. В ту же кучу валят калек, парализованных, обморочных. Гора трупов копошится, визжит, воет. Шофер заводит мотор, отъезжает.

— Хальт, хальт!— кричит издалека эсэсовец.— Стой, стой, холера!

Волокут старика во фраке, с повязкой на рукаве. Старик бьется головой о камни, о гравий, охает и безостановочно, монотонно повторяет: "Их виль мит дем Геррн Комендантен шпрехен" — хочу говорить с господином комендантом. Повторяет это с упорством всю дорогу. Заброшенный на машину, прибитый чьей-то ногой, придушенный, все равно заводит: "Их виль мит дем..."

— Человек, успокойся ты! — кричит ему молодой эсэсовец.— Через полчаса будешь болтать с самым главным комендантом, только не забудь сказать ему: Хайль Гитлер!

Другие несут одноногую девочку, держа ее за руки и ногу. Слезы текут по ее лицу, она причитает жалобным шепотом:

"мне больно, больно же..." Бросают ее на машину к трупам. Сгорит живьем заодно с ними.

Наступает вечер, звездный и прохладный. Лежим на рельсах, полная тишина. На высоких столбах тлеют анемичные фонари, за кругом света разлеглась непроглядная темнота, шагни в нее, и растаешь бесследно. Но глаза часовых внимательны. Автоматы готовы к стрельбе.

— Сменил туфли?— спрашивает Анри.

— Нет.

— Почему?

— Хватит с меня, вот как хватит.

— Первого же транспорта? А как же я? С Рождества через мои руки прошел, считай, миллион людей. Хуже всего транспорты из-под Парижа: всегда встретишь кого-нибудь из знакомых.

— Что ты им говоришь?

— Что идут купаться, потом встретимся в лагере. А ты что сказал бы?

Молчу. Пьем кофе, смешанный со спиртом. Кто-то открывает банку какао, сыплет туда сахар. Запускаю в банку пятерню, от какао слипаются губы. Снова кофе, снова спирт.

— Будет еще один транспорт. Но это неточно.

— Если придет транспорт, я не пойду на выгрузку. Больше не могу.

— Ладно. Только следи, чтобы эсэсман тебя не поймал. Сиди тут, как мышь. А туфли мы тебе организуем.

— Отстань от меня с ними.

Хочется спать. Глубокая ночь.

Снова антретен, снова транспорт. Из темноты выползают вагоны, минуют полосу света, снова исчезают в темноте. Перрон невелик, круг света и того меньше. Будем разгружать поочередно. Где-то рычат машины, в лучах рефлекторов мотаются черные, похожие на привидений, деревья. Вассер! Люфт! Снова одно и то же, новый сеанс старого фильма: строчит автомат, вагоны угомоняются. Только какая-то девчонка высунулась наполовину из вагонного окна, потеряла равновесие и вывалилась прямо на перрон. Недолго полежала, оглушенная, потом вдруг вскочила и принялась ходить по кругу, все быстрей и быстрей, энергично размахивая руками, как на гимнастике, громко глотая воздух и воя пискливо и монотонно, спятила от удушья. Действовала на нервы, наконец, подбежал эсэсовец, ударил кованым сапогом в грудь, упала. Прибил ногою, достал револьвер, выстрелил раз, еще раз. Засучила ногами, расплескивая гравий, утихла. Начали открывать вагоны.

Я снова стоял у вагона. В нос била теплая, приторная вонь. Толпа заполняла вагон до половины, запуганная, но способная еще к какому-то сопротивлению.

— Аусладен! — раздался голос эсэсовца, выскочившего из темноты. На груди у него висел переносный фонарь. Посветил вовнутрь,

— Чего стоите, как идиоты? Выгрузить!— хватил тростью по спинам. Я взял за руку труп, его палацы судорожно вцепились в мои. Вырвался с криком, побежал. Сердце выскакивало из груди, горло душил спазм. Тошнота стала непереносимой. Выблевал, скорчившись под вагоном. Шатаясь, прокрался снова под рельсы.

Лежал на славном холодном железе и мечтал о возвращении в лагерь, о нарах без матраца, о коротком сне среди товарищей, которые этой ночью не пойдут в крематорий. Теперь лагерь казался мне некой тихой заводью. Умирают всё другие да другие, а мне хоть как-нибудь, но живется, есть еще еда, есть еще силы для работы, есть еще родина, дом, девушка...

Фонари вспыхивают и вспыхивают, бесконечно плывет людская волна, мутная, лихорадочная, отупевшая. Кажется этим людям, что начинается новая жизнь в лагере, готовятся психологически к тяжелой борьбе за существование. Не знают того, что сейчас умрут, и что золото, деньги, бриллианты, заботливо спрятанные в полах и швах одежды, в каблуках ботинок и туфель, в тайниках тела, им уже не понадобятся.

Набившие руку профессионалы разворотят им внутренности, вытащат золото из-под языка, бриллианты из влагалища, и прямой кишки. Вырвут им золотые зубы. В наглухо запечатанных сундуках отправят в Берлин.

Черные фигуры эсэсовцев ходят спокойно и деловито. Господин с блокнотом в руке чертит последние палочки, уточняет количество: пятнадцать тысяч.

Много, много машин отправилось в крематорий.

Дело идет к концу. Трупы, валяющиеся на перроне, забирает последняя машина, пожитки отгружены. Канада, навьюченная хлебами, мармеладом, сахаром, благоухающая духами и чистым бельем, выстроена для обратного марша. Капо закончил загрузку чайного котла золотом, шелками, черным кофе: это для вахманов на воротах, пустят команду без обыска. Два дня лагерь будет жить с этого транспорта, есть его ветчины и колбасы, пить его водки и ликеры, будет ходить в его белье, торговать его золотом и барахлом. Много чего вынесут штатские за лагерь, в Силезию, в Краков — и дальше. Привезут обратно сигареты, яйца, водку, письма из дома.

Дня два будет говорить лагерь о транспорте "Бендзин-Сосновец". Хороший, богатый был транспорт.

Когда возвращаемся в лагерь, звезды начинают бледнеть, небо становится все выше и прозрачней. Ночь тает, начинается ясный, знойный день.

От крематориев поднимаются толстые столбы дыма и сливаются наверху в огромную черную реку, которая медленно, очень медленно пересекает небо над Биркенау и исчезает за лесами где-то в стороне Тшебини. Сосновецкий транспорт уже горит.

Встречаем отделение СС, идущее с автоматическим оружием на смену караула. Идут ровно, человек к человеку, плечо к плечу, единая масса, единая воля.

— Унд морген ди ганце Вельт... — распевают во все горло.

— Рехтц ран! Направо!— долетает спереди команда.

Уступаем им дорогу.

ЮЛИАН ТУВИМ

БАЛ В ОПЕРЕ

(Фрагменты)

1.

Долгожданный ежегодный
Праздник истинно народный
Нынче к ночи состоится —
Всюду гвалт и кутерьма,
Перепуганные лица,
Экипажей вереницы,
И безумная столица
Сходит радостно с ума.
Шляпки, каски, перья, блестки,
Гимнастерки и матроски,
Сапоги, полуботинки,
Сюртуки и кителя,
В довершение картинки
Кони ржут, визжат машины,
И от этой мешанины
Содрогается земля.
Шумно, душно, тесно, пыльно,
В парикмахерских давильня,
Благонравные матроны
(Не положено, а всё ж?)
Спешно гладят панталоны,
Тут, простите, не до шуток,
И у нервных институток
От волненья в ляжках дрожь.

На сверкающей афише

От асфальта и до крыши
Сам всевластный Архикратор
Подозрительно глядит –
Всё ли в должном беспорядке,
И в восторженном припадке
Бьется шеф-организатор,
Расфуфыренный бандит.
Словно ангелы безлики,
Прут уланы, блещут пики,
И как пуп на ровном месте
Важен обер-полицмейстер.
Выступает мягко, гладко,
То вразвалку, то вприсядку,
То размеренно, то быстро,
То подковкой выбьет искру,
А уж мимики игра,
А уж помпа! Боже пра…
Здесь и там накидки, фраки,
Капюшоны, шапокляки,
И повсюду крики, крики,
И повсюду шпики, шпики.

Шофера друг дружку кроют,
Шпики носом землю роют…
Что в проезде стал, паскуда,
Мать твою, рули отсюда!
Подъезжают горностаи,

И брайтшванцы,
Барбароссы, оксенштерны
И браганцы,
Кадиллаки, Даймлер-Бенцы,
Ланчи, Форды,
Косы, косы, груди, груди,
Морды, морды,
Шпицы, геринги, бульдоги,
Камергеры,

Педерасты, дипломаты
Офицеры,
Пустобрехи, приживалы,
Свистоплясы,
Ордена, и аксельбанты,
И лампасы.
Все!
Чис!
Той!
Кро!
Ви!
Ура, панове!
Ура, панове!
Ура, панове!
А теперь — раздевалка,
Там и нервы,
И страсть, и свалка —
Каждая к стойке пробиться рада:
И туфли. И номер. А мне не надо!
Подправить глазки,
Подпудрить кожу,
Подкрасить губки —
И живо в ложу.
Инструменты в яме строят.
Шпики носом землю роют,
Налево, направо, на ле, на пра...!
Похоже бы, начать пора.
Вот, заиграли. Фу ты. Ура.

Оркестранты просто черти,
Жгут до страсти, жгут до смерти,
Престо, престо, фуриозо —
До забвения, до дрожи —
И подобие мороза
Растекается по коже.
Не плакучее бельканто
С умиленьем в каждом звуке —

Запах розы,
Запах суки
Щиплет ноздри адъютанта.
Сверху, снизу, слева, справа
Оглушительное БРАВО!
Это одурь, это крышка,
Брызжет светом фотовспышка,
Ослепленье. Морок. Рай.
Дай мне, дай мне, дай мне. Дай!
Прогуляемся по раю.
Дай мне. Дай мне. Умираю.
Хочешь, жизнью заплачу?
Дай мне. Дай мне. Я хочу.

Завлекая сладкой бредью,
Заливая жидкой медью
Скалит зубы зверь-маэстро.
Гром оркестра. Гром оркестра.

2.

Астрономы всей Европы,
Роясь в междузвездном мраке,
Видят чудо в телескопы –
В небе бесятся макаки.
Это вовсе не игрушки –
Сущий ужас – в каждом знаке
В благородном Зодиаке
Эти мерзкие зверушки.
То ли скачки, то ли ралли,
Ни стыда, ни чувства меры, –
Прошу панства – обосрали
Весь хрусталь небесной сферы.
От звезды и до звезды
Нет преграды окаянным,
Кажут красные зады

Перепуганным землянам.
Скачки, пляски, склоки, драки —
Эта дюжина кривляк
Не игрушки. Это знаки,
Это новый Зодиак.
С ним хлебнём большого лиха —
Жди, готовься да крепчай,
Но внезапная шумиха
И утихла невзначай.
Как-то разом и удрали
В неизвестные края:
Черти драли,
Черти взяли,
Чёрт им, выродкам, судья.

БОЛЕСЛАВ ЛЕСЬМЯН

******

То накроет землю темень небосвода,
То вдруг озарится миллионом свеч —
Ах, ужасный ливень, что за непогода,
И — какая встреча, лучшая из встреч.

Мы её так ждали, так страдали много,
Прошлое уплыло, утекло в века,
Так откуда эта смутная тревога
И откуда эта смертная тоска?

Вымерли созвездья, встали дыбом реки,
Канул мир в огромность яростной грозы,
Но огромность эта не вместит вовеки
Маленькой печали, крохотной слезы.

******

Изменилась в разлуке? Разве до незаметного мало
В этой чересполосице дней простой и случайной,
Повидала многое, даже пред алтарём побывала,
Но как была для меня, так и осталась тайной.

Не душа твоя, нет, какое мне до неё дело?
Ясно, она бескрайна и мир для неё тюрьма,

Боготворю тебя, то есть твое тело,
От которого я просто схожу с ума.

Какие слова слетают с губ твоих распалённых,
В какие игры вступаешь и безрассудно, и смело,
И поневоле я, влюблённейший из влюблённых,
Молюсь о бессмертии твоего тела.

ЭДМОН РОСТАН

СИРАНО ДЕ БЕРЖЕРАК

ДЕЙСТВИЕ ПЕРВОЕ

ПРЕДСТАВЛЕНИЕ В БУРГУНДСКОМ ОТЕЛЕ

СЦЕНА ПЕРВАЯ

ПОРТЬЕ

А деньги?

КАВАЛЕР

   Мне платить, приятель, не резон.
Я рейтар Короля.

ПОРТЬЕ (следующему входящему)

  Понятно, миль пардон.

(следующему входящему)

Платите денежки, и чтоб без разговора!

ВТОРОЙ КАВАЛЕР

Я, братец, мушкетёр, а ты – плати! Умора!

ПЕРВЫЙ КАВАЛЕР (второму)

Начнут не раньше двух, не сдохнуть бы с тоски.
Так, может, разомнём и мышцы, и клинки?

СЛУГА (входя, другому)

Какие люди, ну!

ВТОРОЙ СЛУГА
                              По маленькой?

ПЕРВЫЙ СЛУГА
                                            Накладно.
В картишки можно бы.

ВТОРОЙ СЛУГА
                                    Да черт бы их... Ну ладно.

ПЕРВЫЙ СЛУГА

Я, видишь, подшустрил и свечку заодно.

ГВАРДЕЕЦ (обнимая цветочницу)

А здесь премиленько – и, главное, темно...

БРЕТТЕР (нанося удар)

Туш!

ОДИН ИЗ ИГРОКОВ

        Хватит!

ГВАРДЕЕЦ (преследует цветочницу)

Стой, никто тебя здесь не обидит!

ЦВЕТОЧНИЦА

Не об обиде речь. А вдруг да кто увидит?

БУРЖУА (сыну)

Театр возносит мысль и чувства высоко,
Но надо кушать, сын. Покушаем.

ИГРОК

                              Очко!

ДРУГОЙ ЗРИТЕЛЬ

Есть в нашей жизни шарм, ведь многие б хотели
Бургундское лакать в Бургундском же отеле.

БУРЖУА (сыну)

Но что творится здесь, хоть уходи домой —
Вино!
        Азарт!
                  Клинки!

ГВАРДЕЕЦ

            Пойдем же!

БУРЖУА

                              Боже мой!
Кто б мог вообразить, что в этаком борделе
Представят нам Ротру?

МОЛОДОЙ ЧЕЛОВЕК

Да, папа, и Корнеля!

ПОРТЬЕ

Без выходок, пажи!

ПАЖ
Да что мы – босяки?
(другому пажу)

Скажи, ты лёсу взял?

ВТОРОЙ ПАЖ
А как же? И крючки!
Наудим париков.

СТАРЫЙ ВОР (ученикам)

Из первого раздела
Вот вам первейший пункт – отправившись на дело,
Вы ищете в толпе того, кто с виду лох...

ПЕРВЫЙ ПАЖ (второму)

А трубки ты припас?

ВТОРОЙ ПАЖ
Конечно. И горох.

МОЛОДОЙ ЧЕЛОВЕК (отцу)

Что будут представлять?

БУРЖУА

Клоризу, мой повеса,
Великого Баро. Вот уж всем пьесам пьеса.

ВОР

Легонько со штанин срезайте кружева...

ЗРИТЕЛЬ (другому)

Я Сида тут смотрел — ах, где найти слова...

ВОР

Часы...

БУРЖУА (сыну)

С прекрасным, сын, я жду с волненьем встречи!

ВОР

Платки...

БУРЖУА

О, Монфлери!

КТО-ТО ИЗ ПАРТЕРА

Пора, зажгите свечи!

БУРЖУА

...Бельроз, Эпи, Бопре, — ах, Боже мой! — Жодле!..

ПАЖ

А вот буфетчица...

БУФЕТЧИЦА

                    Роскошное суфле,
Разнообразные и воды, и сиропы,
Прикажете подать?

ГОЛОС
                    Дорогу, остолопы!

СЛУГА

Маркизы – и в партер? Но что им делать тут?

ВТОРОЙ СЛУГА

Я думаю, они на несколько минут.

МАРКИЗ

Сегодня мы, друзья, скромны на удивленье,
Не ходим по ногам, не портим представленья, –
В потемках тычемся – что думаешь, Гижи?

КЮИЖИ

Да, оскандалились, и что тут ни скажи...

МАРКИЗ

Нет, недоволен я, и не того мы круга...

ДРУГОЙ МАРКИЗ

Утешься, вот, смотри – бежит с огнем прислуга.

СЦЕНА ВТОРАЯ

КЮИЖИ

Линьер!

БРИСАЙЛЬ (смеясь)

                  Ещё не пьян? Впервые за сто лет.

ЛИНЬЕР (Кристиану)

Так я представлю вас.
                    Барон де Невилет.

КЮИЖИ (Брисайлю, глядя на Кристиана)

Не правда ли хорош?

ПЕРВЫЙ МАРКИЗ (услышав)

                    Что это за явленье
Пожаловало к нам к началу представленья?
Хорош ли он собой? Ну, может быть, и да.

ЛИНЬЕР (представляя Кристиану)

Де Кюижи, де Брисайль...

КРИСТИАН
                    Я счастлив, господа.

ПЕРВЫЙ МАРКИЗ

Мордашка ничего, вне всякого сомненья,
Но вкус – увы...

ЛИНЬЕР
                Барон к нам прямо из Туреня.

КРИСТИАН

Я тут с десяток дней, и мало с кем знаком,
А завтра в гвардию, в кадеты прямиком.

ПЕРВЫЙ МАРКИЗ

Ты только посмотри – десяток дней в Париже,
И между нас – шустер провинциал, поди же...

 (вглядываясь вдаль)

Мадам Обри? Да ну!

БУФЕТЧИЦА
                Пожалуйте...

СКРИПКИ (подстраиваясь)
                        Ля, ля...

КЮИЖИ (Кристиану)

Народищу...

ПЕРВЫЙ МАРКИЗ

        Весь свет. Нет разве короля.

ВТОРОЙ МАРКИЗ (указывая на дам)

Де Гемене, де Буа-Дофэн...

ПЕРВЫЙ МАРКИЗ

Какие стервы!

БРИСАЙЛЬ

Де Шовиньи...

ВТОРОЙ МАРКИЗ

Она искусно портит нервы
Любовникам.

ЛИНЬЕР

А вот к нам господин Корнель.

МОЛОДОЙ ЧЕЛОВЕК (отцу)

Здесь Академия?

БУРЖУА

Конечно.

МОЛОДОЙ ЧЕЛОВЕК

Неужель?

БУРЖУА

Да, сын, — как воробьи мы собираем крохи,
А эти имена переживут эпохи —
Поршер, Бурзе, Бурдон, Арно и Коломби...
Святые имена. И ты их, сын, люби.

ПЕРВЫЙ МАРКИЗ

А вот они, мечты любого ловеласа —
Бартеноида, с ней, смотрите, Кассандраса,
Феликсерия...

ВТОРОЙ МАРКИЗ

                    Да, действительно сюрприз.
Маркиз, ты знаешь всех?

ПЕРВЫЙ МАРКИЗ
                              Я знаю всех, маркиз.

ЛИНЬЕР

Я нынче холостяк, мне скучно, одиноко,
Вернусь-ка я, мой друг, в объятия порока.

КРИСТИАН

Певец высоких чувств решил упасть до дна?
Останьтесь: вы должны сказать мне, кто она,
Мне совладать с собой труднее час от часу.

ДИРИЖЕР

Господа скрипки — всё! За дело!

БУФЕТЧИЦА

                              Ананасы...

КРИСТИАН

Я на неё смотрю и мучаюсь тайком,

И чувствую себя ужасным дураком —
Не знаю кто она — но кто же я однако? —
Никто — провинциал, ни мальчик, ни вояка,
Язык мой без прикрас, душа моя проста…

Вон ложа их. Она пока ещё пуста.

ЛИНЬЕР

Любовь, мой друг, болезнь, — об этом знает каждый.
Пожалуй, я пойду, не то умру от жажды.
Смерть не беда, но я ещё не в той поре…
И д'Асусси меня заждался в кабаре.

БУФЕТЧИЦА

Воды?

ЛИНЬЕР

        Да ни за что.

БУФЕТЧИЦА
                Так, может, лимонада?

Муската, может быть?

ЛИНЬЕР
                Вот это то, что надо.
Пожалуй, задержусь. Ну, где твоё вино?
Ах, Боже мой, Рагно! Не может быть, — Рагно!

РАГНО

Вы не встречали здесь случайно Бержерака?

ЛИНЬЕР (указывая на Рагно)

Добрейшая душа, но сущий бес, однако.
Пред вами, Меценат, склоняются умы...

РАГНО (Кристиану)

Действительно, я добр.

ЛИНЬЕР

        Как правило, взаймы.

Талантливый поэт.

РАГНО
                Но лишь с их слов, поверьте.

ЛИНЬЕР

В поэзию влюблен, чтоб не соврать, до смерти.
И за какой-нибудь нестоящий куплет
Готов отдать... отдать...

РАГНО

                        Две порции котлет.
ЛИНЬЕР

Вы любите театр?

РАГНО
                Со всеми потрохами.

ЛИНЬЕР

И ими же за вход он платит, между нами.

Во что вам нынче стал вход в усыпальню муз?

РАГНО

В пяток окороков. И недурных на вкус.

ЛИНЬЕР

Ваш абсолютен вкус, в нем точно нет изъяна.

РАГНО

Но где же Сирано? Мне это очень странно.

ЛИНЬЕР

В чем дело?

РАГНО

   Монфлери!

ЛИНЬЕР

      Допустим, этот слон
Изобразит, каков в натуре был Федон
Сегодня вечером. Но что до Бержерака...

РАГНО

Так вы не знаете? Здесь точно будет драка!
В припадке ярости наш благородный друг
Сказал, что пришибёт, как пришибают мух,
Или проткнет насквозь – и это непременно –
Бедняжку Монфлери, коль скоро тот на сцену
В течénье месяца взопрёт свой афедрон,
А мы уж знаем-то, как верен слову он.

Тут будет страшный суд – поверьте, третий день я
Себе не нахожу покоя от волненья.

ЛИНЬЕР

Причина?

РАГНО

    Монфлери!!!

КЮИЖИ (подходя)

        Да вам не всё равно?

РАГНО

Охота посмотреть!

ПЕРВЫЙ МАРКИЗ

       Кто этот Сирано?

КЮИЖИ

Разбойник. И поэт по отзывам поэтов.

ПЕРВЫЙ МАРКИЗ

И родовит?

КЮИЖИ

    Вполне. Из гвардии кадетов.
Вон друг его ле Бре недалеко от нас.
Ле Бре!

ЛЕ БРЕ

Где Бержерак?

КЮИЖИ

Мы про него как раз.
Скажи, как человек он очень зауряден?

ЛЕ БРЕ

Я бы скорей сказал, что больше чем изряден.

КЮИЖИ

Учёный!

БРИСАЙЛЬ

Музыкант!

ЛЕ БРЕ

Поэт!

РАГНО

Почти корсар!

ЛИНЬЕР

А вид его каков? Полуночный кошмар.

РАГНО

Второго чудака такого нет на свете,
Художник бы сломал кисть на его портрете:

Походный старый плащ и складчатый кафтан,
На голове берет, над ним – тройной султан,
Вздымает сзади плащ, как хвост петуший, шпага –
Во всех движениях достоинство, отвага,
А нос, о, господа, ведь я забыл про нос!
Его Господь, небось, на всех французов нёс –
Сказать, что он велик? Или что он огромен?
Любой эпитет тут если не лжив, то скромен.
Мэтр к носу своему присовокуплен, но –
Кто с носом бы рискнул оставить Сирано?!

ЛЕ БРЕ

Да, риск велик!

ЛИНЬЕР

       Как нос.

ПЕРВЫЙ МАРКИЗ

       Я думаю, вояка
Сегодня не придёт.

РАГНО

       Придёт. И будет драка.
И я держу пари – вот вам моя рука!

МАРКИЗ (смеясь, подает руку)

На что?

РАГНО

На курицу. Плевать – на индюка!

ВТОРОЙ МАРКИЗ (восклицает)

Взгляните же скорей! О Боже, это чудо,
Явившееся к нам неведомо откуда...

ПЕРВЫЙ МАРКИЗ

Откуда бы ещё, как не из высших сфер?

КРИСТИАН (Линьеру)

Она!

ЛИНЬЕР

        Она?..

КРИСТИАН

        Она. Но кто она, Линьер?

ЛИНЬЕР

Мадемуазель Робэн, и, если вам угодно,
Роксана. Неглупа, изысканна, свободна,
К тому же сирота. И есть ещё одно –
Ко всем – достоинство – кузина Сирано.

КРИСТИАН

Мужчина рядом с ней...

ЛИНЬЕР (пьянея)

                Добра, скажу вам, мало.
Влюблен в неё. Женат. И родич кардинала.
Не знаю отчего, но держит в голове

Отдать Роксану за паршивца де Вальве,
А это, вам скажу, подлейшая идея,
Но как остановить могучего злодея,
Которому плевать не только на Париж,
Но и на короля. Ведь это граф де Гиш.

А впрочем, как-то я взял подлеца на мушку
И сочинил о нем изрядную частушку...
Ещё там был в конце забавнейший куплет...
Сейчас... ну как же там?.. Послушаете?

КРИСТИАН

                              Нет.

Прощайте.

ЛИНЬЕР

                    Вы куда?

КРИСТИАН

                    К Вальве.

ЛИНЬЕР

                                   Но осторожно.
Он вас убьет шутя.

КРИСТИАН

                    Мне всё равно.

ЛИНЬЕР

                              Возможно,

А ведь на вас глядят. Выходит, мой черёд
Идти ко всем чертям. Туда, где пьют. Вперёд!

КРИСТИАН

Действительно. Глядят.

ЛЕ БРЕ

                        Где ж Сирано?

ГОЛОС

                            Потише!

ЛЕ БРЕ

Надеюсь всё же, он не прочитал афиши.

СЦЕНА ТРЕТЬЯ

МАРКИЗ (при виде Гиша с сопровождающими его, среди
которых – Вальве)

Гасконский выводок – и холодны, и гибки,
И обходительны – боюсь я их улыбки.

ДРУГОЙ МАРКИЗ

Да, друг мой, вы правы – уж это вороньё
Умеет ставить цель и попадать в неё.

ДЕ ГИШ

Пожалуй, поднимусь к актрисам. Кто со мною?
Ну где вы там, Вальве? Не прячьтесь за спиною…

КРИСТИАН

Вот он, Вальве, ага! Попался, голубок!
Ну, нашивай на свой гасконский зад лубок,

(вору, обнаружив его руку в своём кармане)

Ах ты, вот я сейчас задам тебе науку!
Искал перчатку и...

ВОР (виновато)

                    Нашел в кармане руку.

(на ухо Кристиану)

Пустите. Я взамен вам дело предложу.

КРИСТИАН

Вот как?

ВОР

          Один секрет. Большой. Сейчас скажу.
Линьер, приятель ваш, не удержался, чтобы
Не вызвать гнев одной влиятельной особы —
Ну там стишки, смешки, — как будто ерунда...

КРИСТИАН (не отпуская руки)

Особа — кто?

ВОР (с подчеркнутым достоинством)

          Секрет. Профессьональный. М-да.
Поэтому в виду имейте Бога ради —

Сто человек его сегодня ждут в засаде.

КРИСТИАН

Сто человек? И где?

(про себя)
                    Вот это поворот.

ВОР

Сто человек. Не вру. У Нельских, м-да, ворот.
Сто страшных человек при шпагах и рапирах.

КРИСТИАН

Но где его искать?

ВОР
                        Подряд во всех трактирах:
В Трёх факелах, в Свинье, в Давильне, в Кушаке —
И в каждом для него оставьте по строке.

КРИСТИАН

Бежать за ним!
                    Бежать?..
                Но как она глядела...
Как можно, от неё?
                        Но слишком важно дело...
Но – сто, с оружием, – и против одного?!
...Линьер в большой беде, и я спасу его.

ЗАЛ

Давай спектакль! Давай!

БУРЖУА

                        Где мой парик? Верните!

РАДОСТНЫЙ ГОЛОС

Он лысый! Ха-ха-ха! Вы на него взгляните!

Ну, молодцы пажи!

(внезапная тишина, шепот)

                        Смотри туда, узнал?
Вон, в ложе! Кардинал... Смотрите, кардинал...

ПАЖ

Вот черт его принес, сиди теперь, как мыши!

МАРКИЗ

Подайте стул сюда.

ДРУГОЙ МАРКИЗ

                    Закройте двери.

ЗРИТЕЛЬ

                            Тише!

ЛЕ БРЕ

Похоже, пронесло.

РАГНО

                    Да, чёрт его дери!

Не жалко индюка, но...

ГОЛОСА

                        Браво, Монфлери!

МОНФЛЕРИ

«Счастливец, кто вдали от страсти и волнения
Вкушает благостно плоды уединенья,
Когда в ночной тиши струится лунный свет...»

ГОЛОС (из середины партера)

Так ты, собачий сын, нарушил мой запрет?

ЗАЛ

Что это?

ГИЖИ

        Бержерак?

ЛЕ БРЕ (с сожалением)

                А кто же?

ГОЛОС

                        Ты со сцены
Уйдешь, или твой зад ждет моего колена?

МОНФЛЕРИ

Но я...

ГОЛОСА ИЗ ЗАЛА

                    Довольно!
                              Цыть!
                                        Играйте, Монфлери!
МОНФЛЕРИ

«Счастливец, кто вдали...»

БЕРЖЕРАК

                    Я не шучу – смотри!

ЗАЛ

Что за бедлам? Куда, мы, господа, попали?
Пошли домой! Ну да, а денежки пропали?

МОНФЛЕРИ (запинаясь)

«Счастливец, кто вдали ...»
                    «Счастливец, кто вдали...»

БЕРЖЕРАК (вскакивая на стул возвышается над партером)

Всё! Я предупреждал, – не зли меня, не зли!

СЦЕНА ЧЕТВЁРТАЯ

МОНФЛЕРИ

На помощь, господа!

БЕРЖЕРАК

              Ах ты, пустая бочка!

МАРКИЗ

Играйте, Монфлери!

БЕРЖЕРАК

             Сказал, прибью, — и точка!

МАРКИЗ

Довольно!

БЕРЖЕРАК

          Если вам так жалко дурака,
То я, маркиз, и вам готов намять бока!

МАРКИЗЫ

Довольно!

БЕРЖЕРАК

      Монфлери! Сейчас же вон отсюда,
Иначе и твоим маркизам будет худо!

ГОЛОС

Однако!..

БЕРЖЕРАК

            Монфлери! Ты здесь ещё, прохвост?
Придётся, видно, мне взобраться на помост,
Чтобы воткнуть клинок в твое большое пузо.

МОНФЛЕРИ

Вы этим не меня обидите, но Музу!

БЕРЖЕРАК

О, если бы она вас знать имела честь,
То вы узнали бы, что значит её месть,
И вам, любезный друг, поверьте, стало б дурно,
Отведавши её тяжелого котурна!
А ну, паршивец, марш со сцены!

ТОЛПА

                    Монфлери!

Давайте монолог!

БЕРЖЕРАК
            Смотри мне – не дури.

ГОЛОС (распевает)

        Беспардонный Сирано,
        Не страшны твои капризы,
        И прелестную Клоризу
        Мы увидим всё равно!

БЕРЖЕРАК (поворачивается к толпе, толпа раздается)

Я всех вас перебью!

ТОЛПА

                    Кошмар!

ПАЖ

                         Да нет же, прелесть!

ГОЛОС

Вы не Самсон!

СИРАНО

                Вы мне взаймы дадите челюсть?

ТОЛПА

Клоризу!
            Монфлери!
                    Бе-бе!
                            Кукареку!
БЕРЖЕРАК

Долой со сцены! Ну?

ТОЛПА

                Мяв-мяв! Му-му! Ку-ку!

БЕРЖЕРАК

Приказываю всем – молчите, пустомели.
Я предлагаю вам участвовать в дуэли.
Постройтесь в очередь, я думаю, пора.
Я буду назначать героям номера.

Ну, кто смелее всех, кто не боится риска,
Короче говоря, кто номер первый списка?
Вы, сударь? Или вы?
                     Кто метит в смельчаки,
Пусть известит меня поднятием руки.
Что – нет желающих? Нет к приключеньям тяги?
Коробит скромников вид обнаженной шпаги,
Или внезапно жизнь так выросла в цене?
Молчите?
                Хорошо.
                     Так дайте слово мне.

То, что я вам скажу, достойно сожаленья:
Театр наш заболел – и жаждет исцеленья.
Поэтому, его здоровьем дорожа,
Я удалю нарыв –

                     (оборачивается к Монфлери)

                при помощи ножа.

МОНФЛЕРИ

Я жить хочу.

БЕРЖЕРАК

          Ну что ж, ловлю тебя на слове.
Хоть я хирург, но я совсем не жажду крови.
Даю последний шанс – растаешь ты, пока
Успею сделать я коротких три хлопка.

С условием тебя я ознакомил вкратце,
Итак, начнем отсчет. Прощайся с жизнью.

МОНФЛЕРИ (жалобно)
                          ...Братцы!

БЕРЖЕРАК

Раз!
     (хлопает в ладоши)

МОНФЛЕРИ

     Я...

ПАРТЕР

          Играй!..
                    Сбежит...

МОНФЛЕРИ

                         Спасите!

БЕРЖЕРАК

                              Два!

ГОЛОС ИЗ ПАРТЕРА

                                   Смотри...

МОНФЛЕРИ

Я думаю, что мне не повредило б...

БЕРЖЕРАК

                         Три!

(Монфлери исчезает, будто его и не было)

ПАРТЕР

Трус!
     Сукин сын!
               Сбежал!

Мы жаловаться будем!
Давай оратора!

(появляется Бельроз)

Бельроз, скажите людям...

БЕЛЬРОЗ

Любезные друзья!

ПАРТЕР
К чертям! Давай Жодле!

ЖОДЛЕ

Паршивые козлы! Свиной навоз в золе!

ПАРТЕР

Вот это человек — без придури, без фальши!
Давай, Жодле, давай!

ЖОДЛЕ (крикуну)
Заткнись и слушай дальше.
Великий трагик наш — и в этом весь вопрос —
Внезапно захворал. Прижал его понос.

ПАРТЕР

Какой к чертям понос? Со страху обосрался!
Давай его назад!
Скажи, чтоб он остался!

Гони его назад!
Нет, пусть сидит в говне!

МОЛОДОЙ ЧЕЛОВЕК (Бержераку)

Простите, сударь, но не очень ясно мне
Какой у вас резон так не любить актёра?

БЕРЖЕРАК

Актёра? Но точней сказать бы – полотёра.
Актёр всегда талант. Иначе – не актёр.
Согласны вы?

МОЛОДОЙ ЧЕЛОВЕК

                О, да. Здесь невозможен спор.

БЕРЖЕРАК

Хоть капелька ума – нелишне для актера?
Хотя бы капелька?

МОЛОДОЙ ЧЕЛОВЕК

                И в этом нету спора.

БЕРЖЕРАК

Два этих качества ты напрочь убери –
И вот тебе болван на сцене – Монфлери.
Со сцены ж следует убрать всё, что случайно –
Вот первый вам резон. Второй – пока что тайна.

ПОЖИЛОЙ ГОРОЖАНИН

«Клоризу» очень жаль...

БЕРЖЕРАК

        Скажу без лишних слов:
Осел Баро писал «Клоризу» для ослов,
Для человека же он сущая отрава.

ЖЕМАННИЦЫ

Помилуйте, Баро?! Он наша честь и слава.
Он нам внушает все — мечты, волненья, сны,
Надежды — то, чего мы в жизни лишены.
Без дивного Баро мертва литература!

БЕРЖЕРАК

По опыту скажу — подчас случайно дура
Один-другой внушить вполне способна стих.
Но ведь внушать стихи и разбираться в них —
Две вещи разные.

ЖОДЛЕ

                ...И что вполне понятно,
Все деньги вы сполна получите обратно.

БЕРЖЕРАК

Вот это всё, чего с волненьем ждут они —
Ловите кошелёк — и хватит болтовни.

(бросает кошелёк)

ЖОДЛЕ (ловит его)

Поверьте мне, что я готов за эту цену
Клоризу каждый день вытаскивать на сцену,
И делайте с ней всё, что вам на ум взбредёт!

БЕЛЬРОЗ

Очистить надо б зал. Давайте гнать народ.

ЖОДЛЕ

Попробуй-ка.

ЛЕ БРЕ (Бержераку)

                    Кошмар, а вам и горя мало.

ЗРИТЕЛЬ

Я в жизни не видал подобного скандала,
Есть, видимо, у вас влиятельный патрон?

БЕРЖЕРАК

Нет.

ЗРИТЕЛЬ

    Быть не может.

БЕРЖЕРАК
                    Нет.

ЗРИТЕЛЬ
                    Не верю. Кто же он?

БЕРЖЕРАК

Признаюсь только вам...

ЗРИТЕЛЬ

                            О!..

БЕРЖЕРАК

                        Ради интереса.

Патрона нет.
          Зато...

ЗРИТЕЛЬ (заинтригован)

                    Ага...
БЕРЖЕРАК

                        ...Есть патронесса.

ЗРИТЕЛЬ (с облегчением)

Не спрашиваю кто. Хотя бы – где она?

БЕРЖЕРАК

Вот здесь, в ножнах. И мне другая не нужна.

ЗРИТЕЛЬ

Но ведь у Монфлери, хотите, не хотите ль,
Есть герцог де Кандал, изрядный покровитель,
А где высокий ранг, там длинная рука.

БЕРЖЕРАК

Со шпагой и моя отнюдь не коротка.
Но озадачен я совсем иным вопросом –
Заинтригованы моим вы, вижу, носом.

ЗРИТЕЛЬ

Нет!

БЕРЖЕРАК

Врете!

ЗРИТЕЛЬ

Нет, не вру!

БЕРЖЕРАК

Тогда язык ваш врет.
Так чем мой нос хорош – или наоборот?
Обмяк он, как рукав, или торчит трубою,
Как баклажан, навис над нижнею губою?
Он ноздреват, как сыр? Он нездоров на цвет?
Он вам не нравится?

ЗРИТЕЛЬ

Нет, Ваша Милость, нет!

БЕРЖЕРАК

Что значит ваше нет? Нет или непременно?
Скажите правду мне – такого феномена
Не попадалось вам нигде и никогда?

ЗРИТЕЛЬ

Да, Ваша Милость, нет. В том смысле нет, что да.

БЕРЖЕРАК

Но не хотите ль вы сказать, что он огромен?

ЗРИТЕЛЬ

Нет, Ваша Милость, нет, он более чем скромен,
Он просто невелик. Я даже бы сказал,
Настолько невелик, что несомненно мал.

БЕРЖЕРАК

Но это уж звучит поистине нахально –
По-вашему, он мал непропорционально.

ЗРИТЕЛЬ

Нет, Ваша Милость, нет, он мал наоборот!

БЕРЖЕРАК

Так – как ни поверни – выходит, я урод?
А надобно бы знать вам, соплякам курносым,
Что я горжусь своим неотразимым носом,
А также помнить, что отнюдь не для красы
Посереди лица прилеплены носы.
Нос, это важный знак. Чем этот знак крупнее,
Тем больше смысла в нем, и тем лицо важнее,
Тем больше сердца в нем, и воли, и ума,
Тем поместительней достоинств закрома,
Ведь если посмотреть, то среди большеносых
Один поэт, другой солдат или философ,
Тот ставит опыты, а тот ведёт войска,
Покуда куцый нос валяет дурака,
И, значит, может ждать, как максимум, в награду
Не палкой по спине, так сапогом по заду.

ЗРИТЕЛЬ

Спасите! Караул!

БЕРЖЕРАК

                    Наглец ещё один.
Но счастье дурака, что он не дворянин,
Уж тех я изучил от головы до пяток,
И с ними разговор хорош, когда он краток,
И, видимо, б ему пришлось не каблука
Попробовать, а враз калёного клинка.

ДЕ ГИШ (спускаясь со сцены – в адрес Бержерака)

Он утомителен.

ДЕ ВАЛЬВЕ
                    Он просто фанфаронит.

ДЕ ГИШ

Но странно, что его никто не урезонит.

ДЕ ВАЛЬВЕ

Никто? Его унять не стоит и труда.

(Бержераку)

Ваш нос, сударь... Ваш нос... Большой!

БЕРЖЕРАК

                            Конечно, да.

ДЕ ВАЛЬВЕ

Ха...

БЕРЖЕРАК

          Это всё?

ДЕ ВАЛЬВЕ

                    Ну...

БЕРЖЕРАК

                    Мысль у вас во власти чувства,
Тогда как холодок приятен для искусства,
Мне думается, тут не повредит урок:
Немного мыслей вслух, немного знаний впрок.
Я думаю, не грех вам просветиться, или
Хотя бы приобресть понятие о стиле.
Ведь можно ту же мысль озвучить, например,
С напором: «Да имей мой нос такой размер,
Я б отрубил его!». По-дружески: «Носище
Такой мог бы иметь один из целой тыщи!».
В стиль описательный впадая, оппонент
Сказал бы, что мой нос похож на континент.
Ремесленник вполне добавить мог бы блеску,
Сказав, что видит нос, похожий на стамеску.
— Как, на стамеску? Нет. Не верю. Ни за что.
— Согласен. Он скорей похож на долото.
Наверное, сказать только б ы смог ваятель:
— Да, это монумент. Я потрясен, приятель.
Моряк бы мог сказать — с разумной стороны —
Что должно этот нос держать вразрез волны,
Чтоб удержать корабль и с ветром быть в союзе, —
А также приравнять мой нос к большой медузе.
Пехотный офицер сказать мне был бы рад,
Что лучших коннице не видел он преград.

Сказал бы садовод, что никогда доныне
Не видел он такой большой и синей дыни,
Что никогда такой большой и страшный плод
Не засорял ему сад или огород.
Синоптик бы сказал, вникая в суть вопроса:
«Вам нужно два зонта – для головы и носа».
И физик мог бы быть изрядно восхищён,
Настолько у меня центр тяжести смещён.
Сказал бы музыкант, что сроду контрабаса
Не видел, слепленного из хрящей и мяса, –

Так что, любезный друг, умерьте вашу прыть,
Сказать возможно всё, умея говорить.
Вы ж не умеете, и есть тому причина –
Вы, мой любезный друг, глупейшая скотина,
И скотская на вас наложена печать –
Вот вы и можете лишь нукать да мычать.

ДЕ ГИШ

Идемте же, виконт!

БЕРЖЕРАК

                Идите, в самом деле,
Вы, видно, краснобай в трактире да в борделе!

ДЕ ВАЛЬВЕ

Такого наглеца ещё не видел свет.
Однако... У него перчаток даже нет!

ДЕ ГИШ (пытаясь увести его)

Идемте же!

ДЕ ВАЛЬВЕ

        Нет, я не сделаю и шага,
Смотрите, он одет, как нищий, как бродяга!

БЕРЖЕРАК

Точней, одет не так, как модные хлыщи,
Но это выбор мой, и тут уж не взыщи.
Изысканность манер, изящество одежды
Особенно важны для труса и невежды,
Должны же и они быть в чем-то хороши, –
Но я бы предпочел изящество души.
Мой вид не привлечет взыскующего взора,
Но я вовек не знал бесчестья и позора,
И не узнаю их до той поры, пока
Не лгу, не хнычу и не прячусь от клинка.
Не слишком прям мой стан, но означает это,
Лишь то, что он вовек не примерял корсета,
Зато моя душа бессмертная пряма,
И я всегда открыт для сердца и ума.

И у меня одна перчатка есть, стара и
Весьма потрепана, но всё же есть. Вторая
Работу сделала – я ею подлецу,
Такому же, как вы, прошёлся по лицу.
И это для него закончилось не гладко...

Так знайте, у меня в запасе есть перчатка.

ДЕ ВАЛЬВЕ

Разбойник! Плут! Болтун! Урод! Наглец! Дурак!

БЕРЖЕРАК (снимая шляпу и отвешивая поклон, как при
знакомстве)

Душевно рад. А я – барон де Бержерак.

ДЕ ВАЛЬВЕ

Шут! Беспардонный шут!

БЕРЖЕРАК

Не понял...

ДЕ ВАЛЬВЕ

Как он смеет?

БЕРЖЕРАК (с болезненной гримасой)

Подвигать надо ей, когда он немеет,
Ой-ой... Конечно, да, подвигать от души!

ДЕ ВАЛЬВЕ

Что с вами?

БЕРЖЕРАК

Не со мной. Вот – в шпаге мураши.

ДЕ ВАЛЬВЕ

Ах, вы поэт, ну да. Учить поэтов надо.

БЕРЖЕРАК

Поэт. И вас прибью. А заодно балладу
Сымпровизирую – как в некий день и час
Без всякого труда я укокошил вас.

ДЕ ВАЛЬВЕ

Балладу?

БЕРЖЕРАК

      Ах, пардон. Я не учел простую
Натуру вашу. Вы должны...

ДЕ ВАЛЬВЕ

                  Я протестую!

БЕРЖЕРАК

Согласен. Должен я – вам краткий дать урок.
В балладе – в целом – три строфы по восемь строк.
В конце – посылка. В ней всего четыре строчки.

ДЕ ВАЛЬВЕ

Кончайте!

БЕРЖЕРАК

      Кончу вас – придя к последней точке.

ДЕ ВАЛЬВЕ

А здесь уже у вас не выйдет ни черта.

БЕРЖЕРАК

Счастливая черта – святая простота,
Но, знаете ль... Итак,
      «Баллада о дуэли,
В Бургундском как-то раз случившейся отеле,

Скрестили где клинки маэстро Бержерак
И некий господин, известный, как дурак,
И где маэстро был удачлив, меток, ловок».

ДЕ ВАЛЬВЕ

Что за галиматья?

БЕРЖЕРАК

        Баллада. Заголовок.

ЗАЛ

Занятно.
     Потеснись.
          Потише.
               Ну, даёт!

БЕРЖЕРАК

Поищем рифму. Так. Всё найдено. Вперёд!

(делает то, о чем говорит в стихе)

   Я шляпу медленно снимаю,
   Бросаю плащ у самых ног,
   Неторопливо вынимаю
   Из ножен верный мой клинок.
   У вас, мой друг, я посмотрю,
   Со страху чешется в затылке?
   Но я сказал — и повторю:
   Я вас убью в конце посылки.

(Поединок начинается)

   Увы, похвастаться вам нечем,
   Мне с вами справиться легко.

Вот здесь мы обозначим печень,
Здесь сердце, а вот здесь брюшко.
Мой друг, где ваш бойцовский пыл?
    У вас не руки, а обмылки —
    А я ведь вас предупредил,
    Я вас убью в конце посылки.

    Необходима передышка?
    О нет, мой друг, я слишком зол.
Проинспектируем бельишко —
Но прежде рассечем камзол.
Уже дубовую доску
Строгают вам на лесопилке,
Уже бегут к гробовщику —
Я вас убью в конце посылки.

    Принц, я действительно шаля
Из куклы вытряхну опилки.
Следите — финт, аппель — оп-ля!
Туш! — вам конец — в конце посылки.

(Поединок закончен, друзья под руки выводят виконта вон из зала)

ТОЛПА

Ах!

ЖЕНЩИНА

    Дивно!

РАГНО

       Это класс!

КАВАЛЕРИСТ

                        Смотрите, ничего!

ГОЛОСА

Блестяще!
          Мыслимо ль?!

ОДИН ИЗ МАРКИЗОВ

                        Действительно, ново!

МУШКЕТЕР (подходит к Бержераку, дружески протягивая ему
руку)

Сударь, позвольте вас поздравить — трудно что-то
Здесь даже и сказать. Блестящая работа.
Хотя и у неё есть небольшой изъян —
Уж больно хороша.

БЕРЖЕРАК

                Кто это?

ЛЕ БРЕ

                        Д'Артаньян.

На пару слов.

БЕРЖЕРАК

                Потом, сейчас не в меру людно,
А на людях болтать, сам понимаешь, трудно.

(Бельрозу)

Я остаюсь?

БЕЛЬРОЗ

           Мой Бог! Ну да, о чём тут речь?

Конечно!

(другим тоном – служащим)

           Всё убрать. Но не гасите свеч,
Мы отобедаем, и за работу снова,
Ведь репетиция, она всему основа.

ЛЕ БРЕ (Бержераку)

Идёмте?

БЕРЖЕРАК

    Не пойду.

ЛЕ БРЕ

                  Пропустите обед?

БЕРЖЕРАК

Пожалуй пропущу.

ЛЕ БРЕ

             Зачем?

БЕРЖЕРАК

                        Да денег нет.

ЛЕ БРЕ

Как это денег нет, а кошелёк на сцену?

БЕРЖЕРАК

Вот потому и нет.

ЛЕ БРЕ

                    Вам надо непременно
Чтоб каждый день о вас судачили окрест?

БЕРЖЕРАК

Черт с ним — поступок глуп.
                            Но — сколь разумен жест!?

ЛЕ БРЕ

Вовек бы не слыхать подобных околесиц!
Так, значит, пост?

БЕРЖЕРАК

                    Увы, хотя всего на месяц.

БУФЕТЧИЦА

Хм... Право, господа... Я бы сочла за честь
Вас угостить всем тем, что на прилавке есть.

БЕРЖЕРАК

Любезное дитя! Гасконский кодекс чести
Мне говорит о том, что должен я без лести
Вас поблагодарить и выразить отказ.
Но поступая так, ведь я обижу вас?
Я попрошу у вас одну из этих ягод –
Мне памяти о ней, поверьте, хватит на год.

БУФЕТЧИЦА

Хоть что-нибудь ещё... Из вин или еды...

БЕРЖЕРАК

Воды... Пожалуй, да, один стакан воды.

Ещё полпирожка – и ручку попрошу я,
Любезное дитя, у вас для поцелуя.

БУФЕТЧИЦА (смеясь)

Да что там говорить, уж ручку мы всегда...
Спасибо, господа.

             (реверанс)

                Прощайте, господа.

СЦЕНА ПЯТАЯ

БЕРЖЕРАК (раскладывая перед собой подарки буфетчицы)

Ты что-то мне хотел сказать – так говори же!
Еда...

Питье...
            Десерт...
                        Садись к столу поближе.
Я голоден, как черт, а здесь такой обед.

ЛЕ БРЕ

Скажи, что ты творишь, ведь это сущий бред.
Что скажет человек разумный и степенный?
Ты произвел эффект...

БЕРЖЕРАК

                    Эффект, и несомненный.

ЛЕ БРЕ

Но это наблюдал сегодня кардинал,
Что скажет он? Что ты...

БЕРЖЕРАК

                    Большой оригинал.
Ведь он писатель сам, и вовсе не бездарен.
Я думаю, что он со мною солидарен.

ЛЕ БРЕ

А новые враги? Ведь ты и их учти.

БЕРЖЕРАК

И много новых ли?

ЛЕ БРЕ

                Десятков до пяти.
Конечно, не беря в расчёт детей и женщин.

БЕРЖЕРАК

Не увеличен счёт?

ЛЕ БРЕ

                Дай Бог, чтоб не уменьшен.
Считаем: Монфлери, толпа, виконт, де Гиш,
Вся Академия...

БЕРЖЕРАК

                Довольно, ты мне льстишь.

ЛЕ БРЕ

Хотел бы я понять, каков твой принцип жизни?

БЕРЖЕРАК

Чтоб не сходить с ума в её идиотизме,
Не мучиться, не лгать, не воевать с судьбой,
Предпочитаю быть всегда самим собой.

ЛЕ БРЕ

Сформулировано серьёзно, точно, внятно,
Как будто искренно и вроде бы понятно,
Однако объясни, чем, чёрт его дери,
Не угодил тебе несчастный Монфлери?

БЕРЖЕРАК

Да с некоторых пор гора гнилого мяса
Решила, что она пригодна в ловеласы.
И стоит посмотреть, как этот ловелас
С нежнейшей из особ не сводит рачьих глаз.
Как брюхом он трясёт, как семенит ногми,
А мог бы между тем пошевелить мозгами,
И не бесить меня, не попадать в беду.
...Я дьявольски ревнив к великому стыду.

ЛЕ БРЕ

Я не ослышался? Не нахожу и слов от
Растерянности. Но – тогда быть должен повод
Для ревности. Чтоб ты... Чтоб так в бутылку лезть?..

БЕРЖЕРАК

Есть повод. Более того – причина есть.

ЛЕ БРЕ

Так значит, ты...

БЕРЖЕРАК

                Влюблён. Увы. Скажи, приятель,
Что я сошёл с ума, что я рехнулся, спятил,
Что бес в ребро, скажи, что я попал впросак,
Но я влюблён, увы. Влюблён.

ЛЕ БРЕ

                Но как же так,

В кого же? Ты молчишь, не говоришь ни слова...

БЕРЖЕРАК

В кого? Ты видишь сам, что просто для иного,
То для меня тупик. Здесь мой огромный нос
Проблема для меня, — до горечи, до слёз.
Кто может полюбить подобного урода?
Уродица, как он. А здесь иного рода
История. Скажу нисколько не греша —
Разумна, как никто. И так же хороша.

ЛЕ БРЕ

И хороша...

БЕРЖЕРАК

        О, да. И рассуждает мудро,
Изысканна, легка, изящна, белокудра,
Как херувим, и глаз её небесна синь —
Она прекрасней всех языческих богинь,
И есть ещё одна важнейшая примета —
Она не просто свет, она источник света —
В нем — жизнь, а прочее и скучно, и мертво.
Но слишком ярок свет, я слепну от него,
И сослепу дурю.

ЛЕ БРЕ

            Вот это описанье.
Не о Роксане ль речь?

БЕРЖЕРАК

            Конечно, о Роксане.

ЛЕ БРЕ

Так отправляйся к ней и всё тотчас открой.
Спеши, сегодня ты в её глазах герой.

БЕРЖЕРАК

Спешить – куда, зачем? Что изменит поспешность?
Добавит мне надежд? Мою исправит внешность?
Конец иллюзиям, о, горе, горе мне.
Представь себе сюжет: однажды при луне
Апрельским вечером красотка ждёт свиданья,
И тут являюсь я в награду ожиданья.
Конечно, ах да ох, конечно, ох да ах,
И звёзды в небесах, и аромат в цветах,
И всякие в мечтах красивые картинки...
Мы под руку идём по садовой тропинке –
И вдруг – какой кошмар – в прямых лучах луны
Мой профиль на камнях белеющей стены.
Тень ужаса.

ЛЕ БРЕ

       Мой друг!
БЕРЖЕРАК

              Мой друг, мне очень худо.
Я не настолько глуп, чтоб уповать на чудо.
Уродлив, одинок...

ЛЕ БРЕ

      Ты плачешь?

БЕРЖЕРАК

                              Тру глаза.
Мой нос такой длины, что ни одна слеза
Не сможет одолеть его, начав с истока.
Слеза есть красота, и было бы жестоко
Её бросать во тьму уродства моего.
Изысканнее слёз нет в мире ничего
Эстетство же, мой друг, не чуждо благородства —
И делать красоту заложницей уродства
На мой эстетский взгляд лишь умножать грехи,
И в силу этого глаза мои сухи.

ЛЕ БРЕ

Не огорчайся так, любовь, ведь это случай!

БЕРЖЕРАК

Я понимаю всё.
                  Оставь меня, не мучай.

ЛЕ БРЕ

Но всякая любовь приходит в свой черёд —
Когда, зачем, к кому – как скажешь наперёд?
Как нынче славная буфетчица глядела
С восторгом на тебя?

БЕРЖЕРАК

           Пожалуй, это дело.

ЛЕ БРЕ

Роксана же, как мел, с закушенной губой
Пока ты вел дуэль, следила за тобой!

БЕРЖЕРАК

Действительно бледна?

ЛЕ БРЕ

      Как мел. Белее даже.
Иди же к ней сейчас. Кто знает...

БЕРЖЕРАК

      И она же
Послушавши меня, подумает: – Барбос
И рассмеётся мне – ведь не в лицо – а в нос.
Попасть в такой просак, нет, дать такого маху –
Да ни за что. Да я сейчас умру от страху –
Ведь я боюсь её отказа, как юнец.

ПОРТЬЕ (Бержераку)

Вас ищут.

БЕРЖЕРАК

    Кто? (смотрит)

      Её дуэнья. Мне конец.

СЦЕНА ШЕСТАЯ

ДУЭНЬЯ (торжественно)

Мне госпожа спросить велела непременно
Не может ли она доблестного кузена

Увидеть своего — но втайне.

БЕРЖЕРАК

                        Втайне?

ДУЭНЬЯ

                                Да.
Чтоб кое-что сказать. На ушко.

БЕРЖЕРАК

                        Где?
            Когда?

ДУЭНЬЯ

На зорьке утренней. С первейшими лучами
Авроры госпожа на службе будет в храме
Святого Рока.

БЕРЖЕРАК

        И?

ДУЭНЬЯ

            По выходе тотчас
Она решительно готова видеть вас.

БЕРЖЕРАК (опираясь на плечо ле Бре)

Святая дева!

ДУЭНЬЯ

        Где? Назначьте место встречи.

БЕРЖЕРАК

Сейчас...
            Я думаю...
        Там...
                    Боже...
        Недалече...
Есть заведение... В нём можно...

ДУЭНЬЯ

                        Где оно?
БЕРЖЕРАК

Там... Недалече есть...
            В харчевне у Рагно.
Он человек вполне достойный, неболтливый,

ДУЭНЬЯ

Где он находится?

БЕРЖЕРАК

                Туда бы и могли вы...

ДУЭНЬЯ

Но где?

БЕРЖЕРАК

    На улице...
        Вот черт! – Сент Оноре.

ДУЭНЬЯ

Так будьте. В семь.

БЕРЖЕРАК

                Зачем? Я прямо на заре!

СЦЕНА СЕДЬМАЯ

БЕРЖЕРАК

Она...
        Свиданье...
    Мне!

ЛЕ БРЕ

            Ты от тоски излечен?

БЕРЖЕРАК

Похоже да, хотя ещё хвалиться нечем.
Я воодушевлен – и это всё – пока.
Я жажду битв и гроз – так дайте мне войска
В противники. А мы уже накрутим хвост им,
Не карликам, о нет, гигантам троеростым!
Давайте всех сюда! Испепелю дотла!
Рассею!

КЮИЖИ (появляется с компанией)

    Сирано, серьезные дела.

БЕРЖЕРАК (узнает)

Линьер! Давненько я не видел этой рожи!

КЮИЖИ

Ему нельзя домой вернуться.

БЕРЖЕРАК

                Отчего же?

ЛИНЬЕР (держа в руке измятую записку)

Письмо... Сам почитай... Неладно, братец, тут —
Сто человек меня у Нельской башни ждут,
Пока я тут и там по кабакам кочую...
Я, может, у тебя сегодня заночую?

БЕРЖЕРАК

Сто человек? Тебя? В засаде? Вот им шиш!
Ты дома, милый мой, — сегодня – дома спишь!

ЛИНЬЕР (в ужасе)

Но ведь...

БЕРЖЕРАК

          Бери фонарь! Ну где он в этом хламе?
Вас, господа, прошу – в свидетели – за нами.

ЛИНЬЕР

Их сотня, Сирано! И вооружены!

БЕРЖЕРАК

Они-то мне как раз сегодня и нужны.

ЛЕ БРЕ (указывая на Линьера)

Обычный пьяница.

БЕРЖЕРАК

                    Естественно.

ЛЕ БРЕ

            Но мы-то
С чего обязаны служить ему защитой?

БЕРЖЕРАК

Как объяснить тебе? Вот этот винный чан,
Который только тем и жив, что смертно пьян,
Который видит вкось, а мыслит вовсе криво –
Способен между тем к душевному порыву.
Я приведу пример. Когда-то спьяну он
В одну красавицу был до смерти влюблен.
И как-то раз она отправилась на мессу,
А он, из своего, понятно, интереса,
Последовал за ней. Произошел скандал,
Какого и Господь, пожалуй, не видал.
Как только к раковине со святой водицей
Молитвенно припасть решила молодица,
Он мигом подлетел к кропильнице – и на
Тебе – всю воду так и выхлестал до дна!

И это при его, заметь, водобоязни!

АКТРИСА

Ах, прелесть!

БЕРЖЕРАК

          Прелесть, да. Так чем же плох проказник?

АКТРИСА

Проказник-то хорош. Но эти, эти сто!

ДРУГАЯ АКТРИСА

Я с вами!

БЕРЖЕРАК (офицерам)

     Господа, прошу вас ни во что
Не вмешиваться до последнего предела!
Итак, вперед.
          (присутствующим)

          Идём?
                    Кассандра, Изабелла?
Леандра, хватит вам отлёживать бока,
Мы двигаем вперед ударные войска.
Всё! Девочки — вперёд.
                    Придать бы не мешало
Испанской драме блеск и яркость карнавала.

ЖЕНЩИНЫ (прыгая от радости)

Ура!

Вперёд!
           Ура!
                     А где мой капюшон?
А где мой плащ?
           Ура!
                     Во славу всех знамён!

БЕРЖЕРАК

И дамы при плащах, и офицеры в звёздах,
Маэстро – марш! Оркестр готов за мной на воздух
Проследовать? Итак – оркестр, я впереди
С отвагою в лице и доблестью в груди.
– Задача всем ясна? Не воины, а звери!
Равненье... Раз, два, три – портье, откройте двери!

(Портье открывает створки дверей, в проёме – живописный
уголок ночного Парижа)

Какая тишина! Мерцающий Париж,
Зелёный лунный свет скользит по гребням крыш,
Стекает по стенам и утопает в Сене...
О, сколько мистики в случайной этой сцене,
И сколько нежности... Однако – нам пора!
На Нельские врата!

ВСЕ

                 Ура! Ура! Ура!

БЕРЖЕРАК (актрисе)

Признаться вам, за что хотят убить поэта?
За то, что он мой друг. Да, только лишь за это.

(Выходит. Следом кортеж — смертельно пьяный Линьер, за ним актрисы в обнимку с офицерами, комедианты. Все бредут под звуки скрипок со свечами по ночной улице).

(Выходит. Следом кортеж — смертельно пьяный Линьер, за ним актрисы в обнимку с офицерами, комедианты. Все бредут под звуки скрипок со свечами по ночной улице).

ДЕЙСТВИЕ ВТОРОЕ

СЦЕНА ПЕРВАЯ

ПЕРВЫЙ ПОВАР

Цукаты и нуга!

ВТОРОЙ ПОВАР

Форель!

ТРЕТИЙ ПОВАР

Жаркое!

ЧЕТВЕРТЫЙ ПОВАР

Птица!

РАГНО

Уж на боках кастрюль Аврора золотится...
Усни, поэт, в Рагно, до времени усни —
Не время для стихов, пришла пора стряпни.

(встаёт, обращаясь к повару)

А соус бы, дружок, на слог-другой длиннее...

ПОВАР

Не понял.

РАГНО

Темнота.

ПОВАР

                Да что за ахинея!

РАГНО

О, Муза! Что за люд – но посуди сама –
Как жить среди глупцов – и не сойти с ума?

   (пекарю, показывающему ему булку)

Вы приглядитесь-ка, любезный к караваю, –
Какой, простите, пень цезуру лепит с краю?

   (юноше, который сидя на земле, нанизывает на вертел птицу)

Извольте соблюсти, как будто вы поэт, –
Куплет, за ним припев, затем опять куплет –
Чередование цыплёнка и индюшки,
На жало вертела нанизывая тушки.

ВТОРОЙ ПОДРУЧНЫЙ, вкрадчиво, приближаясь с блюдом,
накрытым тарелкой

Мэтр, думая о Вас, я кое-что испёк.

РАГНО

Ведь это лира!

   ПОДРУЧНЫЙ

      Да.

РАГНО

Ну, угодил, дружок!
Уж ты кондитер, брат, не из последних в мире.

ПОДРУЧНЫЙ

И струны на местах, смотрите, все четыре.

РАГНО

Растрогал старика почтенного –

(вытирая слезу)
прости.

(торопливо суёт ему мелочь)

Сходи за свой успех стаканчик пропусти.

(Увидев Лизу)

Прячь деньги и беги, не то нам будет туго,
Пожаловала к нам любезная супруга.

(Обращаясь к Лизе, указывает на поднос с лирой)

Взгляни, мой добрый друг, какая красота!

ЛИЗА

Красивого как раз не вижу ни черта.

РАГНО

О нет же, образец высокого искусства!

   (в сторону)

Беда, когда в душе ни искорки, ни чувства.

   (Лиза вываливает на прилавок груду бумажных пакетов)

Пакеты? Вовремя. И вовсе неплохи.
Но что это на них? Что вижу я?! Стихи?
Труды моих друзей, бессмертные реченья
Тобой превращены в обёртку для печенья!

ЛИЗА

А что ж бессмертные твои не платят в срок?
Пусть хоть такой от них хозяйству будет прок,
От бредней их пустых без складу и без ладу.

РАГНО

О, сколько дерзких слов! О, сколько злого яду!

ЛИЗА

Покуда ты в стихах не смыслил ни шиша,
Глядишь, и для тебя была я хороша.

РАГНО

О скорбный мой удел жемчужины в навозе –
Такое о стихах!..

        (недоумённо разводя руками)

А что ж тогда о прозе?

СЦЕНА ВТОРАЯ

Те же, в кондитерскую входят двое детей

РАГНО

Что вам?

  ПЕРВЫЙ РЕБЕНОК

        Три пирожка.

              РАГНО

                  Пожалуйста, малышка,
А, впрочем, ты сама как свеженькая пышка,
На диво хороша. Ещё чего-нибудь?

ВТОРОЙ РЕБЕНОК

Спасибо, это всё. Их можно завернуть?

РАГНО (растерянно)

Пакет? Конечно же, ну как же без пакета?

(читает)

«В тот день, когда Улисс простился...»

                           Нет, не это.

«Когда, сияя, Феб...»

           Не это, малыши.

ЛИЗА (нетерпеливо)

Ты что там возишься?

               РАГНО

                   Спешу!

               ЛИЗА

                 Так поспеши!

РАГНО

Филис... Хвала его божественному слогу!

ЛИЗА

Да помер он уже. Слыхал? И слава Богу.

(взбирается на стул и приводит в порядок утварь на серванте)

РАГНО

Тсс, дети... Если вы вернёте мне пакет,
То я отсыплю вам полдюжины конфет.

(причитает)

Филис... И весь в следах цукатов и помадок...

(Внезапно появляется Сирано)

СЦЕНА ТРЕТЬЯ

СИРАНО

Который час?

      РАГНО

          Седьмой.

            СИРАНО

               Ну, кажется, порядок.
Успел.

 РАГНО

      Скажу вам, мэтр, вы были молодцом,
Разделавшись при всех с надутым наглецом.

СИРАНО

С которым? Их не счесть.

          РАГНО

              Вчера, при всех, в отеле.
Клинки, восторг, стихи...

          СИРАНО

              Ах, ты о той дуэли...

ЛИЗА

Он, сударь, от стихов совсем сошёл с ума.

СИРАНО

Есть хуже поводы, и их, поверьте, тьма.

РАГНО (фехтуя подхваченным шампуром)

«В конце посылки...» Ух! А как там было дальше?
«Я вас убью». Вот так! Без нежностей и фальши.

СИРАНО

Который час, Рагно?

«Убью...» Ах, Боже мой!
Как сказано!

СИРАНО

Рагно, который час?

РАГНО (продолжая
фехтовать)

Седьмой.
ЛИЗА (Сирано, который, проходя мимо прилавка в
рассеянности пожимает ей руку)

Царапина?

                СИРАНО

                        Пустяк, пройдёт и без леченья.

ЛИЗА

Не знаю, что сказать. Где вы, там приключенья.

СИРАНО (меняя тон)

Я жду кое-кого. Так, шалости, пустяк —
Но вы бы нас одних оставили.

                РАГНО

                        Никак,
При всём почтении. Проблема в том, что скоро
Придут поэты...

                ЛИЗА

                        Да, голодных бестий свора.
СИРАНО

Так выпроводи их как-нибудь там хитро,
Когда я знак подам.
                (решительно)
                                Бумагу и перо!

(входит мушкетёр с громовым голосом)

МУШКЕТЁР

Всем здравствовать!

СИРАНО (оборачиваясь)

Кто он?

РАГНО

Мне он никто, однако
Друг Лизы. Говорят, отчаянный рубака.

СИРАНО

Перо в руке дрожит, слезой мутится глаз,
И мысли спутаны... Я трус.
(обращаясь к Рагно)
Который час?

РАГНО

Шесть с четвертью.

СИРАНО

Итак, мне нужно слово в слово
Воспроизвесть письмо. Оно давно готово,
О, сколько раз его твердил я про себя,
Терзаясь, мучаясь, безумствуя, любя!
Теперь – собрав в кулак следы былой отваги,
Довериться перу, порыву и бумаге.

(Пишет, за стеклянной дверью появляются чьи-то тощие
неуверенные силуэты)

СЦЕНА ЧЕТВЁРТАЯ

(Рагно, Лиза, мушкетёр, пишущий за столиком Сирано, поэты — одетые в чёрное, в грязных спущенных чулках)

ЛИЗА

Слетелось вороньё!

    ПЕРВЫЙ ПОЭТ

          Любезнейший собрат!

ВТОРОЙ ПОЭТ

Добрейшая душа!

    ТРЕТИЙ ПОЭТ

          Щедрейший меценат!

ЧЕТВЁРТЫЙ ПОЭТ

Наш бескорыстный друг!

    ПЯТЫЙ ПОЭТ

          Наш несравненный гений!

(почти хором)

Кондитер всех времён!
    Поэт всех поколений!

РАГНО

О, если б знали вы, друзья, как я вам рад!

ПОЭТЫ (наперебой)

Какой здесь интерьер!
        А что за аромат!

ПЕРВЫЙ ПОЭТ

Мы припозднились, брат, но перед Нельской башней
Зеваки и следы истории вчерашней,
Шумиха, толчея и публики не счесть –
Семь трупов на земле...

        СИРАНО (не отрываясь от письма)

        Я думал, будет шесть.

РАГНО

Но кто их уложил, узнать довольно сложно,

(обращаясь к Сирано)

Вы знаете?

        СИРАНО

        Я – нет.

        РАГНО (обращаясь к мушкетёру)

        А вы?

        МУШКЕТЕР

        Вполне возможно.

СИРАНО (пишет)

Я Вас люблю, и вот...

ПЕРВЫЙ ПОЭТ (второму)

Слыхал? Один бретёр
Как люди говорят, бандитам нос утёр.

ВТОРОЙ ПОЭТ

Когда не врёт молва, уж он задал им перца —
До Лувра гнал толпу...

СИРАНО (пишет)

Измученное сердце...

ТРЕТИЙ ПОЭТ

Он ураган, он шторм, он сущая гроза,
Свирепый великан...

СИРАНО

Вам поглядеть в глаза...

ПЕРВЫЙ ПОЭТ

Бесспорно, великан отваги превеликой.

СИРАНО

*И эту грусть свою доверю лишь безликой
Бумаге. «Ваш слуга...»* ... А, впрочем, не хочу,
Не надо подписи, я сам письмо вручу.

ВТОРОЙ ПОЭТ (обращается к Рагно, давясь пирожным)

Ну, мэтр, а как твои в поэзии успехи?

РАГНО

Да вот присочинил – конечно, для потехи,
Рецепт – зато в стихах, и недурной почти,
Хотя не мне судить.

ПОЭТЫ (хором)

Прочти! Прочти! Прочти!

ЧЕТВЁРТЫЙ ПОЭТ

Я обезглавлю торт, отъев ему верхушку!

ПЕРВЫЙ ПОЭТ

А этот пирожок нас точно взял на мушку.

ЧЕТВЁРТЫЙ ПОЭТ

Да и не он один, я думаю, на нас
И эти кренделя сейчас положат глаз.

ВТОРОЙ ПОЭТ (вгрызаясь с жадностью в свежеиспечённую
лиру)

Возможно, в первый раз от основанья мира –
Долой сомнения – поэта кормит лира.

ВТОРОЙ ПОЭТ (первому, толкая его локтем)

Как, впрочем, и в другом сомненья тоже нет –
Пришли на завтрак, а попали на обед.

РАГНО

«КАК СЛЕДУЕТ ПЕЧЬ МИНДАЛЬНЫЕ ПИРОЖКИ»

Чтоб пышности добавить в пирожки,
Добавь в муку яичные белки,
Цедру растолки,
И плесни слегка
Миндального молока.

Влей всё это в форму
И слегка, не то чтоб много, а в норму
Смажь абрикосовым вареньем бока
Добавь по капельке коньяка
И в самые недра —

Чтоб не горчила цедра —
Немного крему.
А чтоб завершить тему
Ставь в печку и пеки —
И получишь настоящие миндальные пирожки.

ПОЭТЫ (с набитыми ртами)

Божественно!
        Ново!
            Как льнёт к строке строка!

СИРАНО (приближаясь к Рагно)

Ты видишь, что они валяют дурака,
Не от твоих стихов, не от восторга плачут,
А оттого, что жрут, пока тебя дурачат!

РАГНО

Всё это вижу я, и всё ж почту за честь
Высокой публике свои стихи прочесть,
Ничтожные плоды трудов моих негодных…
И я доволен тем, что накормлю голодных.

СИРАНО (иронически)

Великая душа!

(Лизе, откровенно кокетничающей с капитаном)

Лизета!

(Лиза подбегает к Сирано, тот, указывая на
капитана)

Вижу, он
Не в шутку осадил наш грозный бастион
В отважных поисках очередной удачи!

ЛИЗА (с оскорблённым видом)

Но я-то бастион!

СИРАНО

Уже готовый к сдаче.

ЛИЗА

Но я…

СИРАНО

Рагно мой друг, и я, прошу учесть,

Сумею защитить и жизнь его, и честь
От всякой шантрапы!

(отвешивает мушкетёру поклон и, взглянув на часы, удаляется к
внутренней двери)

ЛИЗА (мушкетёру)

Ответьте ж – громко, внятно!

МУШКЕТЁР

Как?

ЛИЗА

Например, – ваш нос...

МУШКЕТЕР

Нос? Это непонятно.

(Сирано – от внутренней двери знаками призывая Рагно увести
поэтов прочь)

РАГНО (поэтам)

В соседней комнате нас больший ждёт комфорт
Для чтения стихов.

ПЕРВЫЙ ПОЭТ

Без пирогов?

ВТОРОЙ ПОЭТ

Вот чёрт!

(уходят)

СЦЕНА ПЯТАЯ

(Сирано, Роксана, дуэнья)

Итак, всё решено, нет выхода иного,
Вручаю ей письмо...

(Роксана в маске в сопровождении дуэньи
появляется в двери. Сирано быстро открывает дверь)

Входите. (дуэнье)
                                        На два слова.
Вы склонны к сладкому?

ДУЭНЬЯ (меняясь в лице)

Как все, само собой.

СИРАНО

Тогда я накормлю вас просто на убой.
Пред вами то, о чём парижские вострушки
Мечтают – пирожки, пирожные, ватрушки –
Сгребаем всё в пакет – и живо марш на двор,
Пока с Роксаной мы не кончим разговор.

(Закрывает за дуэньей дверь, потом, сняв шляпу,
останавливается на почтительном расстоянии от Роксаны)

СОДЕРЖАНИЕ